DISCURSO DA SERVIDÃO VOLUNTÁRIA

DISCURSO DA SERVIDÃO VOLUNTÁRIA

ÉTIENNE DE LA BOÉTIE

Tradução e notas
CASEMIRO LINARTH

© *Copyright* desta tradução: Editora Martin Claret Ltda., 2009.
Título original francês: *Discours de la servitude volontaire*. Redação entre 1546 e 1555. Primeira publicação parcial em 1574. Publicação completa em 1576.

DIREÇÃO
Martin Claret

PRODUÇÃO EDITORIAL
Carolina Marani Lima
Mayara Zucheli

DIREÇÃO DE ARTE E CAPA
José Duarte T. de Castro

DIAGRAMAÇÃO
Giovana Gatti Quadrotti

REVISÃO
Patrícia Murari

ILUSTRAÇÃO DE CAPA
Andrey_Kuzmin / Shutterstock

IMPRESSÃO E ACABAMENTO
Lis Gráfica

Este livro segue o novo Acordo Ortográfico da Língua Portuguesa.

Dados Internacionais de Catalogação na Publicação (CIP)
(Câmara Brasileira do Livro, SP, Brasil)

Boétie, Étienne de La, 1530-1563.
  Discurso da servidão voluntária / Étienne de La Boétie; [tradução Casemiro Linarth]. - 1. ed – São Paulo: Martin Claret, 2017.

Título original: Discours de la servitude
ISBN 978-85-440-0141-7

1. Ciência política - obras anteriores a 1800 2. Liberdade I. Título

17-01447   CDD-320.01

Índices para catálogo sistemático:
  1. Política: Filosofia 320.01

EDITORA MARTIN CLARET LTDA.
Rua Alegrete, 62 - Bairro Sumaré - CEP: 01254-010 - São Paulo, SP
Tel.: (11) 3672-8144 - www.martinclaret.com.br
2ª reimpressão – 2020

SUMÁRIO

Um grito de liberdade   7
Uma história curiosa   15

Discurso da servidão voluntária   21

Discours de la servitude volontaire   65

UM GRITO DE LIBERDADE

CASEMIRO LINARTH*

As obras de Étienne de La Boétie, que viveu no século XVI, só chegaram aos dias de hoje graças à sua amizade com Michel de Montaigne, escritor e ensaísta francês da Renascença. Pouco antes de morrer, aos 32 anos de idade, Étienne (Estêvão em português) deixou em testamento seus escritos a Montaigne, que mais tarde destacou seus méritos nos *Ensaios* e em várias cartas, nas quais o apontou como um dos homens mais importantes do século.

O prestígio de La Boétie vem de uma pequena obra na qual afirma que é possível resistir à opressão sem recorrer à violência. Segundo ele, a tirania se destrói sozinha quando os indivíduos se recusam a consentir com sua própria escravidão. Muitos concluíram mais tarde, com base nesse raciocínio, que a resistência não violenta e a desobediência civil são as melhores estratégias para opor-se à autoridade despótica.

A originalidade da tese de La Boétie está na associação paradoxal das palavras *servidão* e *voluntária*. Ao contrário do que as aparências levam a crer, a servidão não seria forçada, e sim voluntária. Como imaginar de outro modo que um só indivíduo ou um pequeno grupo obrigue os demais cidadãos a obedecer com tanta submissão? Mesmo quando é imposto pela força, nenhum poder consegue

---

* Casemiro Linarth é jornalista, escritor e formado em Filosofia. (N. E.)

dominar e explorar uma sociedade por muito tempo sem a colaboração, ativa ou resignada, de uma parte importante de seus componentes.

A relação entre domínio e obediência foi retomada pelos pensadores anarquistas, e os movimentos de desobediência civil tiraram do conceito de não aceitação da servidão voluntária o fundamento do seu instrumento de luta. A desobediência civil e a recusa de submeter-se à autoridade injusta colaborando com ela foi o pressuposto teórico que serviu de base para o surgimento dos modernos movimentos de não violência.

Como a autoridade constrói seu poder principalmente com a obediência consentida dos oprimidos, uma estratégia de resistência sem violência é possível, organizando coletivamente a recusa de obedecer ou colaborar. Foi com essa ideia que se construíram inúmeras lutas de desobediência civil no século XX, e a mesma ideia levou, entre outros motivos, à queda pacífica de muitas ditaduras.

O SÉCULO DE LA BOÉTIE

O século XVI, em que La Boétie nasceu, foi o século da política. A filosofia política desenvolveu-se de forma extraordinária. Desde o início do século, o teólogo e humanista francês Jacques Lefèvre d'Étaples, um dos intelectuais mais destacados do Renascimento, traduziu e propagou a *Política* de Aristóteles. Erasmo de Roterdã traçou o perfil do "Príncipe cristão". Maquiavel e Thomas More introduziram mudanças importantes na maneira de pensar a política. O *Príncipe* foi redigido em 1514, embora tenha sido publicado somente em 1532. A *Utopia* data de 1516.

No momento em que se abre uma era nova que corresponde ao surgimento dos jovens Estados da Europa, tem início uma reflexão que, junto com o impulso humanista do tempo e a necessidade tantas vezes expressa de depurar o cristianismo, não tardará a promover uma efervescência das ideias políticas. Nem Lutero nem Calvino conseguiram, em sua vontade de reformar a religião, deixar a questão política de lado. La Boétie está entre os pioneiros que participaram da grande mudança das ideias.

UMA FAMÍLIA DE MAGISTRADOS

Dois anos e três meses mais velho que Montaigne, Étienne de La Boétie nasceu em 1º de novembro de 1530 em Sarlat, pequena cidade de Périgord, próxima da capital da região, Périgueux, no sudoeste da França. Pertencia a uma família rica e culta de magistrados da província. Seu pai, Antoine de la Boétie, era assistente particular do senescal de Périgord e morreu quando La Boétie tinha cerca de 10 anos. Sua mãe, Philippe de Calvimont, era irmã de Jean de Lherm, presidente do Parlamento de Bordéus. Foi educado pelo tio, Estienne de La Boétie, eclesiástico apaixonado pelo Direito e pelas letras clássicas, o qual despertou nele o interesse pela Antiguidade grega e romana.

Na época era bispo de Sarlat Nicolau Gaddi, primo dos Médicis de Florença, entusiasta do humanismo italiano, que tinha a intenção de transformar sua diocese numa "Atenas de Périgord", onde a filosofia e a arte sobressaíssem. Foi nesse ambiente cultural, no qual o tio o introduzira, que o jovem Étienne descobriu o movimento da Renascença e os conceitos republicanos da Antiguidade clássica, que marcaram o seu pensamento.

Pouco se conhece de sua infância e educação, mas é certo que desde cedo foi preparado para a Universidade. Matriculou-se na Faculdade de Direito da Universidade de Orleães, para seguir a carreira de magistrado. O Direito atravessava, então, um período de desenvolvimento amplo na França. Um grupo de jurisconsultos, inspirando-se na literatura antiga, estudava a jurisprudência visando a aperfeiçoar a legislação dos Estados jovens. Surgia o Estado moderno, que exercia o poder soberano e se tornava o centro da autoridade política.

UM ESPÍRITO NOVO

A Universidade de Orleães, que se destacava por sua atividade huguenote, era a segunda Universidade da França, depois da de Paris, e tinha uma das escolas de Direito mais famosas da época, chegando a contar mais de cinco mil alunos. Desde o final do século XV, seus professores aplicavam a filologia e o conhecimento da Antiguidade ao estudo da jurisprudência, reagindo contra as rotinas e os dogmas da escolástica e imprimindo um espírito novo ao Direito.

Durante os anos de estudo Étienne também se concentrou nos clássicos, que traduziu do grego, e, como passatempo, compôs versos em grego, latim e francês. Além disso, dedicava tempo à história e à filologia. Aprendeu, ainda, tudo o que se relacionava com o Direito e podia esclarecê-lo, adquirindo uma erudição sólida e variada. Recebeu o diploma em 23 de setembro de 1553, com honras especiais. Nesse período já havia escrito o *Discurso da servidão voluntária*.

Graças à reputação que conquistou durante os estudos de graduação, o rei Henrique II concedeu-lhe, em 13 de outubro de 1553, a licença que lhe permitiu o acesso ao cargo de conselheiro do Parlamento de Bordéus, em substituição a Guillaume de Lur, conhecido como Longa, convocado para atuar na Justiça de Paris. Ainda não tinha idade legal para exercer a função, que era, na época, de 25 anos. Assumiu o cargo em 17 de maio de 1554. E foi nesse período que se casou com Marguerite de Carle, ainda jovem e viúva de Thomas de Montaigne, irmão de Michel.

UMA AMIZADE FAMOSA

Michel de Montaigne tornou-se conselheiro do Parlamento de Bordéus três anos depois de La Boétie assumir o cargo. Montaigne escreveu, em *Sobre a amizade*: "Tenho muita estima pelo livro da *Servidão*, porque foi a causa do nosso relacionamento. Foi mostrado a mim muito tempo antes que eu visse o seu autor, e me fez conhecer seu nome, preparando assim a amizade que mantivemos, tão cabal e perfeita que não é fácil encontrar semelhante no passado, nem entre nossos contemporâneos".

Depois da morte de Étienne, Montaigne prestou-lhe uma homenagem famosa em seus *Ensaios*: "Compartilhávamos metade de tudo, parece-me que eu furtava a parte dele". Em outro lugar da mesma reflexão escreveu: "Se me forçarem a dizer por que o amava, sinto que isso não pode ser expresso senão respondendo: porque era ele, porque era eu".

O Parlamento de Bordéus era, no tempo de La Boétie, o quarto mais antigo na França, tendo surgido depois dos de Paris, Rouen e Toulouse. Contava várias dezenas de conselheiros (91 na véspera da Revolução Francesa, em 1789). Por delegação do soberano, dispensava a justiça real, na parte criminal e civil, registrava os decretos e as leis do rei e fazia a ordem predominar na província.

O cargo de conselheiro fazia La Boétie tratar de questões delicadas e às vezes difíceis, mas em geral o Parlamento não desempenhava papel político relevante. Seus membros, entretanto, já começavam a considerar-se depositários das leis fundamentais do reino e guardiões da lei, como escreveria mais tarde Montesquieu, no *Do espírito das leis*. Nesse quadro, foi só em 1560 que ele começou a destacar-se. No início daquele ano foi designado pela Corte para missões especiais.

UMA MISSÃO ESPECIAL

Em dezembro do mesmo ano, La Boétie recebeu a incumbência de viajar a Paris para apresentar ao rei Henrique II uma petição solicitando medidas especiais para o pagamento regular dos emolumentos dos magistrados. Parece que era somente um pretexto, pois havia um problema político no qual a questão religiosa, que se agravava a cada dia, teve lugar não desprezível.

Anne du Bourg, seu professor na Universidade de Orleães, fora condenado à fogueira, em 1559, por heresia, e a conjuração de Amboise, em março de 1560, organizada por nobres protestantes para raptar o rei Francisco II e subtraí-lo à tutela dos Guise, católicos, terminou com cerca de 1.500 mortos e prenunciava as guerras de religião, que começariam em 1562 e se estenderiam até 1598.

Durante sua missão em Paris, La Boétie visitou o chanceler Michel de L'Hospital e, apesar da diferença de idade (La Boétie tinha 30 anos e L'Hospital 55), os dois se tornaram amigos. O chanceler encarregou Étienne de intervir como mediador em diversas negociações entre católicos e protestantes, em desavenças constantes. Inspirador da política de tolerância cujas linhas mestras eram expostas no decreto de 31 de janeiro de 1561, L'Hospital condenava oficialmente a sedição dos huguenotes e a intransigência dos católicos. A tarefa era difícil, mas La Boétie, negociador hábil, foi bem-sucedido.

Com o bom êxito dos entendimentos entre as facções religiosas, La Boétie foi adquirindo notoriedade. Nesse período, publicou a *Memória sobre o Edito de Janeiro*, tomando posição a favor da política de tolerância religiosa da regente Catarina de Médici. No texto denunciou os perigos que poderiam resultar dos confrontos religiosos e a inutilidade e o caráter danoso da repressão violenta. O caminho para a pacificação consistia, segundo ele, em estruturar um "catolicismo reformado" para poder reconciliar protestantes e católicos fiéis à Igreja de Roma.

Quando, em setembro de 1561, tumultos religiosos estouraram em Agenais, com invasões de igrejas e destruição de imagens, La Boétie e de Burie, representante do rei, tentaram fazer as facções adversas entenderem as virtudes apaziguadoras da tolerância e pôr em prática a política de conciliação desejada por Michel de L'Hospital. Em dezembro de 1562 ele partiu para nova tentativa de pacificação, igualmente bem-sucedida. Foi sua última ação política importante.

DOENÇA E MORTE

Em meados de 1563, La Boétie ficou doente. "Um fluxo de ventre com cólicas", segundo Montaigne, ou uma disenteria que se agravou rapidamente. Montaigne supôs que o amigo contraíra o germe da epidemia de peste que se alastrara em Périgord. Étienne tentou chegar a Medoc, onde sua mulher possuía terras, mas as dores fortes o obrigaram a parar no meio do caminho. Hospedou-se na casa de Richard de Lestonnac, seu colega de Parlamento e cunhado de Montaigne.

Em 14 de agosto, percebendo a gravidade de seu estado, La Boétie ditou seu testamento e deixou seus livros e escritos para Montaigne, "seu irmão íntimo e amigo inviolável". Numa carta que dirigiu a seu pai, descrevendo as peculiaridades da doença e os últimos momentos do amigo, Montaigne concluiu-a com estas palavras: "Étienne de La Boétie expirou no dia 18 do mês de agosto de 1563. Tinha apenas 32 anos, 9 meses e 17 dias".

UMA HISTÓRIA CURIOSA

CASEMIRO LINARTH

Étienne de La Boétie não podia imaginar que, dez anos depois de sua morte, o *Discurso da servidão voluntária* seria usado pelos huguenotes — nome que os católicos franceses davam aos protestantes, sobretudo aos calvinistas — contra o rei Carlos IX e sua mãe, Catarina de Médici, aos quais atribuíam o massacre de São Bartolomeu, como ficou conhecido o assassinato em massa de convertidos da Reforma durante as guerras de religião na França. Parte do *Discurso* foi impressa secretamente entre 1574 e 1578 para fomentar a rebelião contra a realeza após o massacre. A matança teve início na noite de 24 de agosto de 1572, em Paris, e se estendeu nos meses seguintes a mais de vinte cidades francesas.

Entre 1560 e 1598, houve muitos focos de guerra religiosa na França, nos reinados de Francisco II (1559-1560), Carlos IX (1560-1574) e Henrique III (1574-1589). Foi só depois que Henrique IV, para ser aceito como rei, converteu-se ao catolicismo e assinou em 1598 o Edito de Nantes, tratado de paz que autorizou a liberdade de culto para os protestantes, que alguma aparência de ordem foi aos poucos restabelecida. Durante esse período o *Discurso* desempenhou papel extraordinário.

AS OBRAS DE LA BOÉTIE

Em 1570, Michel de Montaigne, ainda abalado com a morte do amigo, renunciou ao cargo de magistrado. No mês de agosto, dirigiu-se a Paris levando os manuscritos de Étienne e mandou imprimi-los.

Deixou de fora o *Discurso da servidão voluntária* e *Algumas memórias de nossas perturbações sobre o Edito de janeiro de 1562*, textos políticos que achou inconveniente publicar naquele momento, por causa do clima de insegurança que reinava na França e do uso do *Discurso* pelos protestantes para promover agitação política.

Sobre o *Discurso,* ainda hoje se discute a data de sua composição. Nas edições dos *Ensaios* de 1580 e 1588, Montaigne revelou que La Boétie escreveu-o quando tinha 18 anos. Nas edições seguintes baixou a idade para 16. Alguns comentadores da obra de La Boétie levantam a hipótese de que ele deve ter redigido o *Discurso da servidão voluntária* em 1546 ou 1548, e provavelmente fez alterações quando estudava na Universidade de Orleães, aproveitando os conhecimentos que adquiriu principalmente nas aulas de Anne du Bourg.

No prefácio que inicia o volume das *Obras de La Boétie,* Montaigne mencionou o *Discurso*. No opúsculo incluiu *O econômico*, de Xenofonte, e *As regras do casamento* e *A carta de consolação*, de Plutarco, que Étienne traduziu do grego. Na primeira edição dos *Ensaios*, em 1580, além das traduções, Montaigne inseriu vinte e nove sonetos, que faziam parte das composições poéticas de La Boétie. Eram vinte e oito poemas em latim e uma adaptação do 32º canto do *Orlando Furioso*, de Ariosto. Eles permitem imaginar a importância que o autor dava à condição humana.

UM TEXTO MILITANTE

Mesmo na primeira edição dos *Ensaios*, publicada dezessete anos depois da morte do amigo, Montaigne não incluiu o *Discurso*. Em 1580, o manifesto já circulava clandestinamente e era muito conhecido. Parte dele foi inserida em forma de diálogos nas últimas páginas do *Réveille-Matin des Français e de leurs voisins,* libelo violento contra Carlos IX e sua mãe, escrito por Eusébio Filadelfo Cosmopolita, e divulgado alguns meses depois do massacre de São

Bartolomeu, com o objetivo de informar aos povos da Europa a gravidade dos acontecimentos na França.

Em 1576, o pastor calvinista Simon Goulart, de Genebra, publicou uma versão mais completa e mais ou menos fiel do ensaio de La Boétie nas *Mémoires de l'Estat de France sous Charles Neufiesme* (Memórias do Estado da França sob Carlos IX), sem citar o nome do autor. Foi então que o título *Contra um* apareceu pela primeira vez. O mesmo texto foi reeditado em 1577 e 1578 em Middelburg, na Holanda, proporcionando à obra de La Boétie difusão ampla.

Com essas publicações, o *Discurso* tornava-se um texto militante, como os panfletos protestantes incitando à revolta contra a monarquia que surgiam com abundância, ao contrário do que pensava La Boétie, que em parte alguma se posicionou favorável à violência. Ele buscou a mudança política não por ações envolvendo o uso da força, mas por uma recusa de obedecer aos tiranos.

UM EXEMPLAR RARÍSSIMO

O século XVII parece não ter dado muita importância à reflexão de La Boétie, que reapareceu poucas vezes. Era a época do absolutismo de Richelieu e de Luís XIV, e os jurisconsultos defendiam sempre a tese da onipotência do rei. Gedeon Tallemant des Réaux (1619–1692), escritor e poeta francês, conta em suas *Historietas* que Richelieu, no início do século XVII, ficou curioso de ler o *Discurso*, mas teve muita dificuldade para encontrar uma cópia. Só a conseguiu depois de pagar uma soma alta a um livreiro esperto de Paris, que possuía um exemplar raríssimo da obra de La Boétie.

Em 1727, o impressor Pierre Coste resolveu reeditar os *Ensaios* de Montaigne e acrescentou o *Discurso da servidão voluntária ou Contra um* depois dos *Vinte e nove sonetos*. Foi a segunda edição integral da dissertação de La Boétie. E a primeira vez, 164 anos depois da morte do autor, que seu nome foi associado ao texto. Só um século mais tarde, em 1835, o abade Felicidade de Lamennais (1782-1854) publicou o *Discurso* de forma autônoma, com as notas de Pierre Coste e um prefácio importante.

Em 1892, Paul Bonnefon, o maior estudioso da obra de Étienne de La Boétie, publicou suas *Obras completas*. Estabeleceu igualmente o texto do *Discurso da servidão voluntária* segundo o manuscrito de Mesmes da Biblioteca Nacional da França, o qual reproduzimos a partir da página 73. Além das notas e de um índice, acrescentou-lhe também as variantes. O mesmo autor republicou, na véspera de sua morte, em 1922, o texto do *Discurso*, ao qual juntou a *Mémoire sur l'Édit de janvier 1562*, redescoberta pouco antes em Aix-en-Provence.

UMA OBRA SEMPRE ATUAL

Mais recentemente, as ideias de La Boétie foram retomadas por autores como a escritora e filósofa Simone Weil e o antropólogo e etnólogo Pierre Clastres. O psicanalista Wilhelm Reich, o filósofo Gilles Deleuze e o filósofo e psicanalista Félix Guattari fizeram da servidão voluntária o enigma central da filosofia política.

La Boétie ocupa, por sua vida breve e sua obra muito curta, um lugar relativamente pequeno ao lado dos grandes nomes do humanismo do Renascimento e dos pioneiros das ideias políticas modernas. Mas o seu *Discurso* representou uma contribuição importante para a renovação intelectual e política que ocorreu em seu século. Por seu alcance, seu manifesto não pode ser entendido como simples escrito de circunstância sugerido pela conjuntura histórica local.

Não é um manifesto contra o rei nem contra a Corte. Nem menciona qualquer acontecimento ocorrido em sua região ou em seu país. O vigor de suas palavras dirige-se unicamente contra a tirania e a servidão que a torna possível, em todos os tempos e em todos os países. La Boétie não é um revolucionário, mas é seguramente o primeiro dos modernos, com dois séculos de antecedência.

Por isso, sua obra conquistou, ao defender radicalmente a liberdade, uma atualidade em todas as épocas.

DISCURSO DA SERVIDÃO VOLUNTÁRIA

*"Não é bom ter vários senhores.
Um só seja o senhor, um só seja o rei."*[1]

Foi o que Ulisses declarou em público, segundo Homero. Se tivesse dito somente:

Não é bom ter vários senhores,

teria sido suficiente. Mas, em vez de falar que a dominação de muitos não pode ser boa, tendo em vista que o poder de um só, quando adota o título de soberano, torna-se duro e irracional, ele parece contradizer-se ao acrescentar:

Um só seja o senhor...

Talvez devamos desculpar Ulisses por ter usado essa linguagem, que lhe serviu então para apaziguar a revolta do exército: creio que ele adaptava o discurso mais à circunstância que à verdade. Mas, refletindo bem, é a maior desgraça estar sujeito a um soberano de cuja bondade nunca se pode ter certeza e que tem sempre o poder de ser mau quando quiser. E ter vários senhores é ser tantas outras vezes extremamente infeliz.

---

[1] Homero, *Ilíada*, II, 204-205.

Não pretendo debater aqui a questão, tantas vezes discutida, se outras formas de República são melhores que a monarquia.[2] Se tivesse de debatê-la, antes de saber a posição que a monarquia deve ocupar entre as diversas formas de governar a coisa pública, eu perguntaria se ela deve ocupar alguma, pois é difícil acreditar que haja algo público num governo no qual tudo depende de um só. Mas deixemos essa questão para outro momento. Ela mereceria um tratado à parte e provocaria todas as disputas políticas.

Por enquanto, gostaria somente de entender como tantos homens, tantos burgos, tantas cidades e tantas nações suportam às vezes um tirano só, que não tem mais poder que o que lhe dão, que só pode prejudicá-los enquanto quiserem suportá-lo, e que só pode fazer-lhes mal se eles preferirem tolerá-lo a contradizê-lo. Coisa realmente admirável, porém tão comum, que deve causar mais lástima que espanto, ver um milhão de homens servir miseravelmente e dobrar a cabeça sob o jugo, não que sejam obrigados a isso por uma força que se imponha, mas porque ficam fascinados e por assim dizer enfeitiçados somente pelo nome de um, que não deveriam temer, pois ele é um só, nem amar, pois é desumano e cruel com todos.

Esta é, entretanto, a fraqueza dos homens: forçados a obedecer, obrigados a contemporizar, nem sempre podem ser os mais fortes. Portanto, quando uma nação se vê obrigada pela força das armas a obedecer ao poder de um só, como a cidade de Atenas aos trinta tiranos,[3] não se deve espantar que se submeta, mas deplorar uma situação tão funesta. Ou melhor, não se deve espantar nem lamentar, mas suportar a desgraça com paciência e preparar-se para melhor sorte no futuro.

---

[2] Regime político posto sob a autoridade de um só soberano. Em grego *monos* (um só) e *arkhein* (comandar).
[3] Em 404 a.C., Esparta impôs a Atenas, a qual havia vencido na Guerra do Peloponeso, o governo de trinta membros de um conselho oligárquico. O despotismo desse conselho, liderado por Crícias, foi tão perverso que a população ateniense se revoltou e o derrubou em menos de um ano.

OS DEVERES RECÍPROCOS DA AMIZADE ABSORVEM BOA PARTE DE NOSSA VIDA*

Nossa natureza é de tal forma que os deveres recíprocos da amizade absorvem boa parte de nossa vida. Amar a virtude, estimar as belas ações, ser gratos pelos benefícios recebidos e, muitas vezes, reduzir nosso próprio bem-estar para aumentar a honra e o progresso daqueles que amamos, e que merecem ser amados, é uma correspondência justa à razão.

Se, portanto, os habitantes de um país encontraram em seu meio um desses homens raros que lhes deu provas de uma grande previdência para protegê-los, de uma grande ousadia para defendê-los, de uma grande prudência para governá-los; se com o tempo se habituam a obedecer-lhe e confiar nele a ponto de lhe conceder algumas vantagens, não sei se seria sábio tirá-lo de onde fazia o bem e colocá-lo onde poderá fazer o mal. Certamente, parece natural ser bom em relação àquele que nos proporcionou o bem e não temer mal algum da parte dele.

Mas, ó Deus, o que pode ser isso? Como diremos que isso se chama? Que desgraça é essa? Por que vício, e vício horrível, vemos um grande número de pessoas não só obedecer mas servir, não ser governadas mas tiranizadas, sem possuir bens, nem pais, nem filhos, nem sequer sua própria vida? Sofrendo as rapinas, as truculências e as crueldades, não de um exército, não de uma horda de bárbaros contra os quais cada um deveria arriscar o sangue e a vida para defender-se, mas de um só. Não de um Hércules ou de um Sansão, mas de um homenzinho só, muitas vezes o mais covarde e efeminado da nação, não acostumado à poeira das batalhas, mas a muito custo à areia dos torneios, não só incapaz de comandar os homens pela força, mas ainda de servir de maneira indigna à menor mulherzinha.

---

* Para maior fluência da leitura e em respeito à sensibilidade do leitor contemporâneo, introduzimos títulos e dividimos o texto em partes menores, para valorizar o desenvolvimento do raciocínio do autor. (N. E.)

Chamaremos isso de covardia? Diremos que aqueles que servem são covardes e aviltados? Se dois, três ou quatro não se defendem de um só é estranho, mas possível. Talvez se pudesse dizer, com razão, que lhes falta fibra. Mas quando cem, quando mil sofrem a opressão de um só, dir-se-ia ainda que não querem ou não ousam atacá-lo por desprezo ou desdém, e não por covardia?

E quando vemos, não cem, não mil homens, mas cem países, mil cidades, um milhão de homens se absterem de atacar aquele que trata a todos como servos e escravos, que nome poderemos dar a isso? Será covardia? Todos os vícios têm naturalmente um limite, além do qual não podem passar. Dois homens, e mesmo dez, podem ter medo de um só. Mas que mil, um milhão, mil cidades não se defendam de um só homem certamente não é covardia, pois ela não chega a esse ponto, assim como a valentia não exige que um só homem escale uma fortaleza, ataque um exército, conquiste um reino. Então, que vício monstruoso é esse, que não merece sequer o título de covardia, que não encontra nome suficientemente indecoroso, que a natureza se nega a conhecer e a língua se recusa a pronunciar?

QUAIS IRÃO COM MAIS CORAGEM AO COMBATE?

Coloquem-se frente a frente cinquenta mil homens armados, dispostos em posição de combate. Ao chegar o momento do ataque, uns, livres, lutam por sua liberdade; os outros, para tirá-la deles. A favor de quem se prevê a vitória? Quais irão com mais coragem ao combate: aqueles que esperam como recompensa de seus sacrifícios manter sua liberdade, ou aqueles que só podem esperar a servidão de outrem como salário dos golpes que dão ou recebem?

Uns têm sempre diante dos olhos a felicidade de sua vida passada e a expectativa de um bem-estar igual no futuro. Não pensam tanto no que têm de sofrer no pouco tempo que dura uma batalha quanto no que deverão suportar para sempre, vencidos, eles, seus filhos e toda a sua posteridade. Os outros não têm nada que os estimule, a não ser um pouco de cobiça que, de repente, se dissipa diante do perigo e que não pode provocar neles tanto ardor que não deva extinguir-se necessariamente à menor gota de sangue que saia de seus ferimentos.

As batalhas famosas de Milcíades, Leônidas e Temístocles,[4] datam de dois mil anos e se conservam ainda hoje tão frescas nos livros e na memória dos homens como se tivessem sido travadas ontem. Elas garantiram a independência da Grécia e ainda servem de exemplo para o mundo inteiro. O que deu a um número tão pequeno de gregos, não o poder, mas a coragem para enfrentar a força de tantos navios cujo peso o próprio mar não suportava e para vencer um número tão grande de nações que todas as esquadras gregas não seriam suficientes para fornecer capitães aos exércitos inimigos, se fosse preciso? Foi o desejo de manter sua liberdade: naqueles dias gloriosos os gregos não somente combateram os persas; neles a liberdade triunfou sobre a dominação, a independência sobre a escravidão.

É realmente extraordinário ouvir falar da bravura que a liberdade inspira ao coração daqueles que a defendem. Mas o que acontece em todos os países, com todos os homens, todos os dias? Quem poderia acreditar, se só tivesse ouvido e não tivesse visto, que um só homem oprime cem mil e os priva de sua liberdade? Se isso só ocorresse em países estrangeiros e terras distantes, e viessem nos contar, quem não pensaria que esse relato fosse puramente inventado?

---

[4] Milcíades e Temístocles foram generais atenienses. Milcíades derrotou o persa Dario I na Batalha de Maratona, por volta de 490 a.C. Temístocles venceu a frota persa de Xerxes I na Batalha de Salamina, em 480 a.C. Leônidas era chefe militar de Esparta e morreu na defesa heroica do desfiladeiro das Termópilas, em 480 a.C., com trezentos companheiros, para deter o avanço do exército de Xerxes I.

Não é preciso combater nem derrubar esse tirano. Ele se destrói sozinho, se o país não consentir com sua servidão. Nem é preciso tirar-lhe algo, mas só não lhe dar nada. O país não precisa esforçar-se para fazer algo em seu próprio benefício, basta que não faça nada contra si mesmo. São, por conseguinte, os próprios povos que se deixam, ou melhor, que se fazem maltratar, pois seriam livres se parassem de servir. É o próprio povo que se escraviza e se suicida quando, podendo escolher entre ser submisso ou ser livre, renuncia à liberdade e aceita o jugo; quando consente com seu sofrimento, ou melhor, o procura.

Eu não lhe pediria tão vivamente para recuperar a liberdade se lhe custasse alguma coisa. Não existe nada mais caro para o homem do que readquirir o seu direito natural e, por assim dizer, de animal voltar a ser homem. Contudo, não espero dele ousadia tão grande. Nem quero que prefira a segurança duvidosa de viver miseravelmente a uma esperança incerta de viver como lhe agrada. Se para ter liberdade basta desejá-la, se para isso basta um simples desejo, haverá nação no mundo que ainda a considere cara demais, podendo obtê-la com uma simples aspiração? E que lamente sua vontade de reaver um bem que deveria resgatar com seu sangue, e cuja perda torna a vida amarga e a morte salutar para qualquer homem honrado?

MAIS ARRUÍNAM E DESTROEM QUANTO MAIS É DADO A ELES

O fogo de uma pequena faísca cresce e vai aumentando sempre e, quanto mais lenha encontra, mais está disposto a queimar. Não é preciso jogar água para apagá-lo, basta não colocar mais lenha, e ele, não tendo mais o que consumir, acaba se extinguindo por si mesmo, fica sem força e não é mais fogo. Do mesmo modo, os tiranos, quanto mais pilham mais exigem. Mais arruínam e destroem quanto mais é dado a eles. Quanto mais servidos mais se fortalecem e se tornam cada vez mais fortes e dispostos a aniquilar e destruir tudo.

Mas basta não lhes dar nada e não lhes obedecer, sem combatê-los ou atacá-los, e eles ficam nus e são derrotados, e não são mais nada, assim como o ramo que, não tendo mais sumo nem alimento em sua raiz, seca e morre.

Para conseguir o bem que deseja, o homem ousado não teme nenhum perigo, o homem prudente não regateia nenhum esforço. Só os covardes e os preguiçosos não sabem suportar o mal nem recuperar o bem. Limitam-se a desejá-lo e a energia de sua pretensão lhes é tirada por sua própria covardia. Não lhes resta senão o desejo natural de possuí-lo. Esse desejo, essa vontade comum aos sábios e aos imprudentes, aos corajosos e aos covardes, fez que desejassem todas as coisas cuja posse os tornaria felizes e contentes.

Há uma só coisa que os homens, não sei por que motivo, não têm sequer força para desejar. É a liberdade, bem tão grande e tão agradável que, quando se perde, todos os males sobrevêm, e sem ela todos os outros bens, corrompidos pela servidão, perdem inteiramente o gosto e sabor. Os homens só desdenham a liberdade, ao que parece, porque a teriam se a desejassem, como se se recusassem a fazer essa bela aquisição somente porque ela é fácil demais.

VIVEIS DE TAL MANEIRA QUE NÃO PODEIS GABAR-VOS DE QUE ALGO VOS PERTENCE

Pessoas miseráveis, povos insensatos, nações obstinadas no próprio mal e cegas quando se trata da própria felicidade! Deixais que se apossem diante de vossos olhos da parte melhor e mais segura de vossas rendas, pilhem vossos campos, roubem e despojem vossas casas dos objetos de vossos antepassados! Viveis de tal maneira que não podeis gabar-vos de que algo vos pertence. Parece que olhais agora como sorte grande que vos deixaram apenas metade de vossos bens, de vossa família e até de vossa vida. E todo esse prejuízo, toda essa desgraça, toda essa ruína não vêm dos inimigos, mas certamente de um inimigo, daquele mesmo que fizestes tão grande como ele é, daquele por quem fostes tão corajosamente à guerra, e para a grandeza do qual não vos recusastes a oferecer-vos a vós mesmos à morte.

Entretanto, aquele que vos oprime tem só dois olhos, duas mãos, um corpo, nem mais nem menos que o mais simples dos habitantes do número infinito de vossas cidades. O que ele tem a mais são os meios que lhe destes para destruir-vos. De onde tira tantos olhos que vos espiam, se não os colocais à disposição dele? Como tem tantas mãos para vos bater, se não as empresta de vós? Os pés com que pisoteia vossas cidades não são também os vossos? Tem algum poder sobre vós que não seja de vós mesmos? Como se atreveria a atacar-vos, se não tivesse vossa conivência? Que mal poderia fazer-vos, se não fôsseis os receptadores do ladrão que vos pilha, os cúmplices do assassino que vos mata e os traidores de vós mesmos?

Semeais vossos campos para que ele os devaste, mobiliais e encheis vossas casas para prover suas pilhagens. Criais vossas filhas para que ele possa satisfazer sua luxúria. Alimentais vossos filhos para que faça deles soldados, no melhor dos casos, e os leve à guerra, e os conduza à carnificina, para que os torne ministros de suas cobiças e executores de suas vinganças. Arrebentais no sofrimento vossa pessoa para que ele possa afagar-se em suas delícias e se comprazer nos prazeres sujos e desprezíveis. Ficais mais fracos para que ele se torne mais forte e duro e vos mantenha com rédea curta.

E de tantas indignidades que os próprios animais não suportariam, se as sentissem, vós podereis livrar-vos se tentardes, não vos livrar, mas somente querer fazê-lo. Sede resolutos em não querer servir mais e sereis livres. Não vos peço que o enfrenteis ou o abaleis, mas somente que não o sustenteis mais, e o vereis, como grande colosso do qual se retirou a base, despencar e despedaçar-se debaixo do próprio peso.

Os médicos aconselham a não pôr a mão em feridas incuráveis, e eu talvez não seja ponderado em querer exortar um povo que parece ter perdido há muito tempo o conhecimento de seu mal, o que mostra de sobra que sua doença é mortal. Procuremos entretanto compreender, se for possível, como essa vontade obstinada de servir criou raízes tão profundas que se julgaria que o próprio amor à liberdade não é tão natural.

SOMOS TODOS COMPANHEIROS, OU MELHOR, TODOS IRMÃOS

Em primeiro lugar, não há dúvida de que, se vivêssemos com os direitos que a natureza nos deu e as lições que ela nos ensina, seríamos naturalmente obedientes aos pais, sujeitos à razão, e não seríamos escravos de ninguém. Todos os homens reconhecem, sem outra advertência a não ser a da natureza, a obediência que cada um deve a seu pai e sua mãe. Quanto a saber se a razão nasce ou não conosco, questão debatida amplamente pelos acadêmicos e tratada em toda escola de filósofos, não penso estar enganado ao dizer que há em nossa alma um germe natural de razão. Cultivado pelos bons conselhos e pelos hábitos, esse germe se desenvolve em virtude, mas aborta muitas vezes, sufocado pelos vícios que sobrevêm.

Se há algo claro e evidente, ao qual ninguém pode ficar cego, é que a natureza, ministra de Deus e governante dos homens, criou todos nós da mesma forma e, ao que parece, na mesma fôrma, para nos mostrar que somos todos companheiros, ou melhor, todos irmãos. E se, na distribuição que fez de seus dons, concedeu alguma vantagem de corpo ou de espírito a uns mais que a outros, não quis colocar-nos neste mundo como num campo de batalha, e não enviou à terra os mais fortes ou os mais espertos como salteadores armados numa floresta para tiranizar os mais fracos. Antes, é preciso supor que, ao conferir partes maiores a uns e menores a outros, quis dar espaço à afeição fraterna para que ela tivesse onde ser praticada, pois uns têm o poder de prestar ajuda, enquanto outros necessitam recebê-la.

E já que essa boa mãe deu a terra inteira como morada a todos nós, alojou-nos a todos na mesma casa, formou-nos a todos no mesmo molde a fim de que cada um pudesse olhar-se e por assim dizer reconhecer-se no outro; já que nos concedeu a todos o grande presente da voz e da palavra para melhor nos relacionarmos e confraternizarmos e para produzirmos, mediante a declaração comum e recíproca de nossos pensamentos, a comunhão de nossas vontades; já que procurou por todos os meios estreitar e firmar o vínculo de nossa aliança, de nossa sociedade; já que mostrou em todas as coisas que não nos queria somente unidos, mas como um único ser, como duvidar então que sejamos todos naturalmente livres, porque somos todos companheiros? Não pode entrar no entendimento de ninguém que a natureza tenha posto alguém em servidão, porque ela nos reuniu a todos em companhia.

Contudo, de nada adianta debater se a liberdade é natural, pois não se pode manter alguém em servidão sem prejudicá-lo: não há no mundo nada mais contrário à natureza, completamente racional, que a injustiça. A liberdade é, portanto, natural. Por isso, a meu ver, não só nascemos com ela, mas também com a paixão para defendê-la. Se por acaso ainda temos dúvida sobre isso, abastardados a ponto de não reconhecer nossos dons nem nossas inclinações naturais, é preciso que eu vos faça a honra que mereceis e eleve, por assim dizer, os animais brutos ao púlpito, para vos ensinar vossa natureza e condição. Os animais, valha-me Deus, se os homens quiserem ouvi-los, lhes gritam: "Viva a liberdade!"

Muitos deles morrem assim que são capturados. Como o peixe que para de viver logo que é tirado da água, eles se deixam morrer para não sobreviver à perda de sua liberdade natural. Se os animais tivessem entre si algumas preeminências, fariam dessa liberdade sua nobreza. Outros animais, dos maiores aos menores, quando são capturados opõem viva resistência com unhas, chifres, bico e pés para manifestar o valor que dão ao que perdem. E, quando estão presos, dão tantos sinais evidentes do conhecimento que têm de sua desgraça que é possível ver claramente que, daquele momento em diante, eles se debilitam em vez de viver, e continuam a viver mais para lamentar seu bem-estar perdido que para se comprazer na servidão. Que outra coisa quer indicar o elefante quando, depois de se defender até não poder mais, não vendo mais esperança, na iminência de ser capturado, enfia as mandíbulas e quebra os dentes nas árvores, senão que seu grande desejo de permanecer livre lhe dá ânimo e se atreve a negociar com os caçadores para ver se ficará livre em troca de seus dentes e se, entregando seu marfim, pagará o resgate por sua liberdade?

Temos de preparar o cavalo desde quando nasce para acostumá-lo a servir. Entretanto, nossos carinhos não o impedem de morder o freio e resistir à espora quando queremos domá-lo. Quer manifestar com isso, ao que parece, que não se submete com agrado, mas porque o forçamos. O que dizer ainda?

> Até os bois gemem sob o peso do jugo,
> e os pássaros se lamentam na gaiola,

como eu disse em outro momento, passando o tempo com nossas rimas francesas. Pois não temerei, ao escrever a ti, ó Longa,[5] misturar meus versos, que nunca leio para ti, a fim de que, dando mostras de contentamento, não me faças sentir-me orgulhoso. Assim, pois, se todo ser dotado de sentimento sente o peso da sujeição e busca a liberdade; se os animais, mesmo postos a serviço do homem, não conseguem acostumar-se a servir a não ser depois de protestar com um desejo contrário, que fatalidade pôde perverter a natureza do homem, o único que nasceu para viver livre, a ponto de fazê-lo perder a memória de seu ser primitivo e o desejo de recuperá-lo?

---

[5] Guillaume de Lur, conhecido como Longa entre os colegas, recebeu uma homenagem do autor ao ser mencionado duas vezes neste ensaio. Foi o antecessor de La Boétie no Parlamento de Bordéus.

SUGAM COM O LEITE A NATUREZA DO TIRANO

Há três tipos de tiranos. Uns adquirem o poder por eleição do povo, outros pela força das armas, e os últimos por sucessão hereditária. Como é bem sabido, os que adquiriram o poder pelo direito da guerra se comportam como se estivessem em país conquistado. Os que nascem reis geralmente não são melhores. Nascidos e alimentados no seio da tirania, sugam com o leite a natureza do tirano e olham os povos submetidos a eles como servos que herdaram. Segundo sua inclinação dominante, avaros ou pródigos, dispõem do reino como de sua herança.

Parece-me que aquele a quem o povo entregou o Estado deveria ser mais suportável, e o seria, como creio. Mas, logo que se vê elevado acima dos outros, encantado com esse não sei quê que chamam grandeza, decide não sair mais. Considera quase sempre o poder que o povo lhe conferiu como devendo ser transmitido a seus filhos. E, desde que adotaram essa ideia, é surpreendente ver como superam os outros tiranos em todos os tipos de vícios, e mesmo em crueldade. Não encontram meio melhor para assegurar a nova tirania a não ser reforçar a servidão e afastar tanto seus súditos da liberdade que, por mais recente que seja sua recordação, logo se apaga de sua memória.

Assim, para dizer a verdade, vejo que existe entre esses tiranos alguma diferença, mas de opção não vejo, pois, embora cheguem ao trono por meios diversos, sua maneira de reinar é quase sempre a mesma. Os que são eleitos tratam o povo como touros a serem domados, os conquistadores como sua presa, os sucessores como um bando de escravos que lhes pertencem por natureza.

Mas suponhamos que, por acaso, nascessem hoje algumas pessoas novas, não acostumadas à sujeição, nem atraídas pela liberdade, e que até ignorassem o nome de uma e de outra, e fosse proposto a elas ser escravas ou viver livres, qual seria sua escolha? Sem dúvida alguma prefeririam de longe obedecer somente à razão a servir um homem, a menos que fossem como os habitantes de Israel que, sem necessidade nem coerção, deram a si mesmos um tirano.[6] Nunca leio a história desse povo sem experimentar uma grande indignação, que quase me levaria a me tornar desumano, por me alegrar com tantos males que lhe sucederam.

Certamente, para que os homens, enquanto conservam algo de humano, se deixem sujeitar, é preciso que sejam forçados ou enganados. Forçados por armas estrangeiras, como Esparta e Atenas o foram pelas de Alexandre,[7] ou enganados pelas facções, como ocorreu quando o governo de Atenas caiu nas mãos de Pisístrato.[8] Por engano perdem muitas vezes a liberdade, mas com frequência não são seduzidos por outros e sim enganados por si mesmos. Assim o povo de Siracusa, a cidade principal da Sicília (que hoje me dizem chamar-se Saragoça),[9] atormentado pelas guerras, pensando inconsideradamente apenas no perigo do momento, elevou Dionísio I[10] a tirano e lhe entregou o comando do exército. E não se deu conta que o tornou tão poderoso que esse espertalhão, ao voltar vitorioso, como se não tivesse vencido os inimigos e sim os concidadãos, fez-se primeiro capitão, depois rei, e rei tirano.

---

[6] Saul, ungido por Samuel (cf. 1 Samuel 8, 1-22; 10, 1).

[7] Alexandre III da Macedônia, o Grande (356-323 a.C.), começou a dominar todos os gregos, com exceção de Esparta, na Liga de Corinto, em 335 a.C.

[8] Pisístrato, sucessor de Sólon, foi tirano em Atenas entre 546 e 527 a.C. Recorreu a artifícios para tomar e manter o poder. Expulso da cidade uma vez e exilado outra vez, recuperou o poder montando um exército forte. Durante seu governo os cidadãos foram privados de muitas liberdades civis.

[9] Saragoça era a capital do antigo reino de Aragão, na Espanha.

[10] Dionísio I foi tirano em Siracusa de 405 a 367 a.C. Expulsou os cartagineses de sua cidade e se impôs no poder com conspirações, golpes e expurgos. Distinguiu-se pela crueldade com que tratava os adversários.

NÃO SÓ PERDEU A LIBERDADE, MAS GANHOU A SERVIDÃO

É incrível ver como o povo, quando é submetido, cai de repente num esquecimento tão profundo de sua liberdade, que não consegue despertar para reconquistá-la. Serve tão bem e de tão bom grado que se diria, ao vê-lo, que não só perdeu a liberdade, mas ganhou a servidão.

É verdade que no início serve-se obrigado e vencido pela força. Mas os que vêm depois servem sem relutância e fazem voluntariamente o que seus antepassados fizeram por imposição. Os homens nascidos sob o jugo, depois alimentados e educados na servidão, sem olhar mais à frente, contentam-se em viver como nasceram e não pensam que têm outros bens e outros direitos a não ser os que encontraram. Chegam finalmente a persuadir-se de que a condição de seu nascimento é a natural.

Todavia, não existe herdeiro tão pródigo ou negligente que não examine um dia os registros de seu pai para ver se desfruta de todos os direitos de sua sucessão e se não usurparam os seus ou os de seu antecessor. Mas o hábito, que exerce em todas as coisas um poder irresistível sobre nós, não tem em lugar nenhum força tão grande quanto a de nos ensinar a servir. E como dizem de Mitrídates,[11] que foi se acostumando aos poucos ao veneno, aprendemos a engolir sem achar amargo o veneno da servidão. Não se pode negar que a natureza nos dirige para onde quer, bem-nascidos ou malnascidos, mas é preciso confessar que ela tem menos poder sobre nós que o hábito. Um bem natural, por melhor que seja, perde-se quando não

---

[11] Mitrídates VI, ou Eupator Dionísio, foi rei do Ponto, na Anatólia, de 120 a 63 a.C. É comparado a Aníbal pelo ódio a Roma. Conta a lenda que, na juventude, passou vários anos fortalecendo-se e imunizando-se contra os venenos. Na velhice, derrotado por Pompeu e traído por seu filho Fárnaces, tentou inutilmente envenenar-se e, segundo a *História Romana* de Apiano, pediu a um escravo que o matasse com uma adaga.

é cultivado, e o hábito nos conforma sempre à sua maneira, apesar da natureza.

As sementes do bem que a natureza coloca em nós são tão miúdas e frágeis que não podem resistir ao menor choque de um hábito contrário. Elas não se mantêm tão facilmente quanto se corrompem, e até se reduzem a nada, como as árvores frutíferas que conservam sua natureza própria enquanto as deixam crescer, mas a perdem para dar frutos estranhos e diferentes dos seus, conforme a maneira como são enxertadas. Cada erva tem sua propriedade, sua natureza e suas particularidades. Contudo, o gelo, as intempéries, o solo ou a mão do jardineiro contribuem para aumentar ou diminuir sua qualidade. A planta que foi vista num lugar muitas vezes não é reconhecida em outro.

Quem visse os venezianos — um punhado de gente que vive tão livre que o pior deles não desejaria ser o rei de todos, nascidos e criados de modo que não têm outra ambição senão a de conservar ao máximo sua liberdade, educados e formados desde o berço de tal sorte que não trocariam o mínimo de sua liberdade por todas as outras felicidades da terra — quem visse, digo, essas pessoas e fosse em seguida às terras daquele que chamamos grão-senhor,[12] ao ver ali pessoas que não nasceram senão para servi-lo e sacrificam a própria vida para manter seu poder, pensaria que esses dois povos têm a mesma natureza? Ou, ao invés, não acreditaria que, tendo saído de uma cidade de homens, entrou num parque de animais?

Contam que Licurgo,[13] legislador de Esparta, havia criado dois cães nascidos da mesma mãe e amamentados com o mesmo leite.

---

[12] O sultão da Turquia era o próprio símbolo da tirania.
[13] O relato da experiência de Licurgo foi extraído de uma obra de Plutarco, *Sobre a educação dos filhos*. O próprio Plutarco, em *Vidas paralelas*, situa a existência desse personagem semilendário no século IX a.C. ou no início do século VIII a.C., advertindo que os relatos históricos sobre ele são bem diferentes e sujeitos a controvérsias.

Um foi engordado na cozinha, o outro acostumado a correr pelos campos seguindo o som da trompa e da corneta. Querendo mostrar ao povo da Lacedemônia que os homens vivem como a educação os fez, expôs os dois cães em praça pública e colocou entre eles um prato de sopa e uma lebre. Um correu para o prato, o outro para a lebre. "Contudo, são irmãos", disse ele. Com suas leis e sua arte política, ele educou e formou tão bem os lacedemônios que cada um deles preferiria sofrer mil mortes a submeter-se a outro senhor que não fosse a lei e a razão.

Gosto sempre de lembrar uma pequena história relativa a um dos favoritos de Xerxes,[14] grande rei da Pérsia, e dois espartanos. Quando Xerxes fazia os preparativos de guerra para conquistar a Grécia, enviou embaixadores a várias cidades desse país para pedir água e terra — era a maneira que os persas tinham de intimar as cidades a se render. Absteve-se de mandá-los a Esparta e Atenas, porque os espartanos e os atenienses, aos quais seu pai Dario os enviara antes, atiraram alguns nos fossos, outros nos poços, dizendo-lhes que pegassem sem medo ali água e terra, e as levassem ao seu príncipe. Essa gente não podia suportar que, nem mesmo na menor palavra, atentassem contra sua liberdade. Os espartanos se aperceberam que, ao agir desse modo, haviam incorrido na ira dos deuses, sobretudo de Taltíbio,[15] deus dos arautos. Para aplacá-los, resolveram então enviar a Xerxes dois de seus cidadãos para que, ao se apresentarem a ele, fizesse deles o que quisesse para se vingar assim da morte dos embaixadores de seu pai.

---

[14] A frota e o exército persas de Xerxes, que na Bíblia é chamado de Assuero (Livro de Daniel), saíram de Sardes em 480 a.C., e inicialmente conseguiram vitórias importantes, chegando a tomar Atenas e fazendo a frota grega retroceder até a baía de Salamina. Dario, pai de Xerxes, fez uma incursão semelhante na Grécia, mas não passou de Maratona.

[15] Mensageiro e arauto de Agamêmnon na *Ilíada*. Participou com ele da Guerra de Troia.

EXPERIMENTASTE O FAVOR DO REI, MAS NÃO SABES O GOSTO DELICIOSO DA LIBERDADE

Dois espartanos, um chamado Espértias e outro Búlis, ofereceram-se voluntariamente para esse sacrifício. Partiram e, ao chegar ao palácio de um persa chamado Hidarnes, administrador do rei em todas as cidades da costa marítima da Ásia, este os recebeu com muitas honrarias, deu-lhes um banquete e, depois de muita conversa, perguntou-lhes por que rejeitavam com tanta firmeza a amizade do rei. "Espartanos", disse ele, "vede por meu exemplo como o rei sabe honrar os que o servem. Acreditai que, se estivésseis a seu serviço e ele vos conhecêsseis, seríeis os dois governadores de uma cidade grega". Os lacedemônios responderam: "Quanto a isso, Hidarnes, não podes nos dar um bom conselho, pois, se desfrutaste do bem que nos prometes, ignoras inteiramente aquele de que gozamos. Experimentaste o favor do rei, mas não sabes o gosto delicioso da liberdade. Se tivesses somente iniciado a apreciá-la, tu mesmo serias o primeiro a nos aconselhar a defendê-la, não só com a lança e o escudo, mas com unhas e dentes". Só o espartano dizia o que era preciso dizer, mas cada um falava conforme a educação que havia recebido. Pois não era possível que o persa lamentasse a liberdade, que nunca tivera, nem que o lacedemônio, que desfrutara dela, tolerasse a servidão.[16]

Catão de Útica,[17] ainda criança e sob a vara de seu mestre, ia muitas vezes ver o ditador Sila,[18] em casa de quem entrava livremente,

---

[16] A história dos dois espartanos é contada por Heródoto (I, 7).
[17] Marco Pórcio Catão (95 a.C.–46 a.C.), também conhecido como Catão de Útica, filósofo estoico, foi um dos defensores mais ativos da liberdade e da República, contra Júlio César. Atacou implacavelmente os vícios de poder herdados do ditador romano Lúcio Cornélio Sila. Tinha dezessete anos quando este morreu. Matou-se com a própria espada, em Útica, depois que seus aliados foram vencidos por César na Batalha de Tapsos.
[18] Lúcio Cornélio Sila ou Sula (138–78 a.C.), depois de vencer a primeira guerra civil da República de Roma, estabeleceu-se como ditador em 81 a.C., por um período indefinido e com poderes ilimitados. Os primeiros anos de seu governo foram especialmente sangrentos, com um grande número de execuções de inimigos políticos e o confisco de todas as suas propriedades.

tanto por causa da situação de sua família como de seus laços de parentesco. Nessas visitas era sempre acompanhado por seu preceptor, como era costume em Roma entre os filhos de famílias nobres. Notou que no palácio de Sila, em sua presença ou com seu consentimento, uns eram presos, outros condenados; um era banido, outro estrangulado; este pedia o confisco dos bens de um cidadão, outro sua cabeça.

Em suma, tudo acontecia ali não como num santuário da justiça, mas como num antro de tirania. Esse menino disse então ao seu mestre: "Por que não me dás um punhal? Eu o esconderei debaixo da minha túnica. Entro muitas vezes no quarto de Sila antes que ele se levante. Tenho o braço bastante forte para livrar a cidade dele". É realmente a palavra de Catão. O início de vida desse personagem era digno de sua morte. No entanto, mesmo que não seja dito seu nome nem seu país, somente contando o fato como foi, ele falará por si mesmo, e se conhecerá que era romano e nascido em Roma, que então era livre.

Por que digo isso? Não pretendo certamente que o país e a terra queiram dizer alguma coisa, pois em todas as regiões, em todos os climas, a sujeição é detestável e a liberdade é cara. Mas me parece que se deve ter piedade daqueles que, ao nascer, já se encontram sob o jugo, que se deve desculpá-los ou perdoá-los, se, não tendo sequer visto a sombra da liberdade e não tendo ouvido falar dela, não se dão conta do mal de serem escravos. Se existem países, como diz Homero a respeito dos cimérios,[19] nos quais o sol se mostra de maneira diferente que a nós e, depois de iluminá-los durante seis

---

[19] Para Homero (Canto XI, versos 14-19, da *Odisseia*), os cimérios eram os habitantes de uma terra mítica além do Oceano onde o sol nunca aparecia e para onde foi Ulisses, a fim de encontrar a alma dos mortos e interrogar o adivinho Tirésias sobre o seu futuro. La Boétie se refere a um povo fabuloso que habitava nas regiões polares onde o sol brilhava durante seis meses e se escondia durante o resto do ano.

meses consecutivos, deixa-os na escuridão nos outros seis meses, é preciso admirar-se que aqueles que nascem nessa noite longa, se não ouviram falar da claridade nem jamais viram o dia, se acostumem às trevas em que nasceram sem desejar a luz?

Nunca se lamenta o que nunca se teve. O pesar só vem depois do prazer e ao conhecimento do bem sempre se junta a lembrança da alegria do passado. O homem é naturalmente livre e quer sê-lo, mas sua natureza é tal que se amolda facilmente à educação que recebe.

Digamos portanto que, se todas as coisas se tornam naturais para o homem quando se acostuma a elas, só permanece em sua natureza aquele que deseja apenas as coisas simples e não alteradas. Assim, a primeira razão da servidão voluntária é o hábito. É o que acontece com os cavalos[20] mais briosos, que no início mordem o freio e depois brincam com ele, que há pouco escoiceavam assim que viam a sela e agora se apresentam sozinhos sob os arreios, e, vaidosos, pavoneiam-se debaixo da armadura. Os homens dizem que sempre foram súditos, que seus pais viveram desse modo. Pensam que são obrigados a suportar o mal, persuadem-se com exemplos e consolidam eles mesmos, com o passar do tempo, a posse daqueles que os tiranizam. Mas, na verdade, os anos nunca dão o direito de praticar o mal. Antes, aumentam a injúria.

Sempre existem alguns, mais bem-nascidos que outros, que sentem o peso do jugo e não podem renunciar a livrar-se dele, que nunca se acostumam à sujeição e que, como Ulisses procurava por terra e por mar rever a fumaça de sua casa, não podem esquecer seus direitos naturais, seus antepassados, seu estado primitivo. Estes, dotados de entendimento claro e espírito clarividente, não se contentam, como o populacho, em ver o que está a seus pés sem

---

[20] No original em francês *courtauds*, cavalos privados da cauda e das orelhas.

olhar nem para trás nem para frente. Lembram-se das coisas do passado para julgar o presente e prever o futuro. São estes que, tendo por si mesmos a cabeça benfeita, ainda a cultivaram com o estudo e o saber. Estes, ainda que a liberdade estivesse inteiramente perdida e banida deste mundo, pensam nela, sentem-na em seu espírito e a saboreiam. E a servidão lhes repugna, por mais que a enfeitem.

O TIRANO OS PRIVA DE TODA LIBERDADE, NÃO SÓ DE FALAR E DE AGIR, MAS ATÉ DE PENSAR

O sultão turco percebeu que os livros e a instrução dão mais que qualquer outra coisa aos homens o bom senso e o entendimento para se reconhecerem e odiarem a tirania. Compreendo porque, em seus domínios, não há sábios, nem ele os quer. O zelo e a boa vontade daqueles que conservaram, apesar das circunstâncias, a devoção à liberdade ficam comumente sem eficácia, por maior que seja o seu número, porque não se conhecem. O tirano os priva de toda liberdade, não só de falar e de agir, mas até de pensar, e eles permanecem isolados e solitários em seus sonhos. Momo,[21] o deus da zombaria, não gracejou o suficiente quando criticou o homem feito por Vulcano, por não ter uma pequena janela aberta em seu coração, para que se possa ver por ela seus pensamentos.

Dizem que Bruto e Cássio,[22] quando resolveram libertar Roma, ou melhor, o mundo inteiro, não quiseram que Cícero,[23] grande defensor do bem público, se já houve algum, tomasse parte, porque consideravam seu coração fraco demais para uma ação de tamanha importância. Acreditavam em sua boa vontade, mas não em sua

---

[21] Momo era, na mitologia, o deus da sátira, da zombaria, da censura e da crítica. Segundo Hesíodo (*Teogonia*, 214), era filho da Noite (*Nix*, em grego).
[22] Marco Júnio Bruto e Caio Cássio Longino foram os assassinos de Júlio César.
[23] Plutarco menciona esse fato na *Vida de Cícero*.

coragem. Quem quiser recordar os tempos do passado e compulsar os anais da Antiguidade se convencerá de que poucos ou nenhum daqueles que, vendo seu país maltratado e em mãos erradas, tomaram a decisão de libertá-lo, com intenção boa, íntegra e reta, não o tenham conseguido facilmente. Para se manifestar a si mesma, a própria liberdade vem em sua ajuda.

Harmódio, Aristogitão,[24] Trasíbulo,[25] Bruto, o Velho,[26] Valeriano[27] e Díon,[28] que conceberam um projeto tão virtuoso, executaram-no com êxito. Nesses casos, a vontade firme garante quase sempre o sucesso. Bruto, o Jovem, e Cássio conseguiram eliminar com êxito a servidão. É verdade que pereceram quando tentaram fazer a liberdade voltar, não miseravelmente — pois quem ousaria encontrar algo miserável em sua vida ou em sua morte? —, mas para grande prejuízo, desgraça perpétua e ruína total da República, a qual, parece-me, foi enterrada com eles. As outras tentativas feitas posteriormente contra os imperadores romanos não foram mais que conjurações de homens ambiciosos cujo insucesso e mau fim não

---

[24] A tradição transformou Harmódio e Aristogitão em símbolos da liberdade e da democracia em Atenas. Os dois foram mortos ao conspirar contra os filhos de Pisístrato, Hiparco e Hípias (514 a.C.).
[25] Trasíbulo dirigiu a resistência contra o governo oligárquico dos trinta tiranos, que Esparta havia imposto a Atenas, restabelecendo a democracia (404 a.C.).
[26] Lúcio Júnio Bruto, o Velho, foi o principal líder que derrubou a tirania de Tarquínio, o Soberbo, em 500 a.C., e estabeleceu a República em Roma com dois pretores ou cônsules. Como cônsul, não hesitou em pronunciar a sentença que condenou seus dois filhos que conspiraram para restabelecer os Tarquínios, e assistiu à sua execução.
[27] Públio Licínio Valeriano, general romano, foi aclamado imperador por suas próprias tropas num período de grande turbulência pública. Feito prisioneiro pelo rei persa Sapor I, na Ásia Menor, morreu assassinado em 260 a.C.
[28] Díon de Siracusa (408–354 a.C.), admirador e discípulo de Platão, governou a cidade depois de expulsar Dionísio I. Seu poder durou pouco, pois se tornou impopular com seu comportamento tirânico. Foi morto pelo ateniense Calipo.

merecem ser lamentados, pois eles não desejavam eliminar, mas somente enfraquecer a coroa, procurando expulsar o tirano para conservar a tirania. Quanto a estes, eu mesmo não gostaria que fossem bem-sucedidos, e estou contente que tenham mostrado, com seu exemplo, que não se deve abusar do santo nome da liberdade para executar uma má ação.

Mas, voltando ao meu assunto, que quase perdi de vista, a primeira razão pela qual os homens servem voluntariamente é porque nascem servos e são educados como tais. Dessa primeira razão decorre outra: sob os tiranos, os homens se tornam facilmente covardes e efeminados. Sei disso graças a Hipócrates, pai da medicina, que o observou muito bem em seu livro *Sobre as doenças*.[29] Esse grande homem tinha um bom coração, como demonstrou quando o rei da Pérsia[30] quis atraí-lo para o seu lado à custa de ofertas e ricos presentes. Respondeu francamente que teria problema de consciência se se dedicasse a curar os bárbaros que queriam matar os gregos e se tornasse útil com sua arte àquele que pretendia submeter a Grécia. A carta que lhe enviou se encontra ainda hoje entre suas outras obras e atestará para sempre seu bom coração e sua natureza nobre.

É certo, por conseguinte, que com a liberdade se perde imediatamente qualquer valor. As pessoas submissas não têm brio nem entusiasmo no combate. Caminham em direção ao perigo como que arrastadas e sem ânimo, como se cumprissem uma obrigação. Não sentem ferver em seu coração o ardor da liberdade, que faz desprezar o perigo e dá vontade de ganhar com uma bela morte a honra e a glória entre os companheiros. Os homens livres, ao contrário, disputam a preferência em lutar pelo bem comum,

---

[29] Hipócrates afirma que "onde os homens vivem sob reis absolutos são necessariamente muito tímidos" no livro *Sobre os ares, as águas e os lugares*, 41.
[30] Artaxerxes I, rei da Pérsia de 464 a 424 a.C., filho e sucessor de Xerxes I.

porque associam a ele seu interesse particular: todos esperam ter sua parte no mal da derrota ou no bem da vitória. Mas os homens submissos, desprovidos de coragem guerreira, perdem também a vivacidade em todas as outras coisas, têm o coração tão fraco e mole que não são capazes de qualquer grande ação. Os tiranos sabem muito bem disso. Por isso, fazem o possível para torná-los ainda mais fracos e covardes.

OS TIRANOS, PREJUDICANDO A TODOS, SÃO OBRIGADOS A TEMER TODO O MUNDO

O historiador Xenofonte, um dos mais sérios e estimados entre os gregos, escreveu um pequeno livro[31] no qual faz Simônides dialogar com Hierão, rei de Siracusa, sobre as misérias do tirano. O livro está cheio de admoestações boas e graves que têm também, em minha opinião, uma graça especial, na medida do possível. Provera ao céu que os tiranos que existiram o tivessem colocado diante dos olhos e se servido dele como um espelho! Não posso acreditar que não tivessem reconhecido seus próprios vícios e se envergonhado de seus defeitos. Nesse tratado ele descreve a punição que sofrem os tiranos que, prejudicando a todos, são obrigados a temer todo o mundo. Entre outras coisas, diz que os reis maus tomam na guerra a seu serviço mercenários estrangeiros porque não ousam mais colocar armas nas mãos de sua gente, que maltrataram. (Na própria França, antigamente mais que hoje, houve reis bons que tiveram tropas estrangeiras a seu soldo, mas com a intenção de proteger

---

[31] *Hierão*, ou *Os deveres de um rei*, é um diálogo entre Simônides, poeta grego nascido por volta de 556 a.C. em Ceos, e o tirano de Siracusa. Hierão é representado como o tirano infeliz que, depois de experimentar as vantagens do poder, reconhece seus inconvenientes e seu vazio, e Simônides, como o filósofo político que o aconselha a modificar seus métodos e adotar a bondade e a generosidade como forma de governo. O diálogo foi composto por volta de 365 a.C.

seus próprios súditos. Não olhavam para os gastos a fim de poupar seus homens. Era também, acredito, a opinião do grande Cipião Africano,[32] que preferia salvar a vida de um cidadão a derrotar cem inimigos.) Mas o certo é que o tirano não pensa jamais que seu poder está assegurado enquanto não chega a ponto de não ter como súditos senão homens sem valor. Poder-se-ia dizer a ele com razão o mesmo que, segundo Terêncio, Trasão se gabava de ter lançado em rosto ao domador de elefantes:

> Acreditais que sois tão valente
> Porque as feras adestrais?[33]

Esse artifício dos tiranos para embrutecer seus súditos nunca foi mais evidente que no procedimento de Ciro[34] em relação aos lídios, depois que se apoderou de Sardes, cidade principal da Lídia, e levou Creso, rei riquíssimo, como cativo. Trouxeram-lhe um dia a notícia de que os habitantes de Sardes haviam se revoltado. Poderia logo os submeter à obediência. Mas, não querendo saquear uma cidade tão bela nem ser obrigado a manter um exército para controlá-la, descobriu um expediente admirável para assegurar sua posse. Estabeleceu ali bordéis, tavernas e jogos públicos, e mandou publicar um decreto ao qual os habitantes tiveram de obedecer. Ficou tão satisfeito com essas medidas que, dali por diante, não foi mais preciso desembainhar a espada contra os lídios. Essa gente pobre e miserável se divertiu inventando todos os tipos de jogos, a tal ponto que os latinos tiraram deles a sua palavra, e que nós chamamos *passatempo*. Eles a chamam *ludi*, como se quisessem dizer *lidi*.

---

[32] Públio Cornélio Cipião Africano (235–183 a.C.) comandou a brilhante campanha na África, vencendo Aníbal de Cartago na Batalha de Zama (202 a.C.) e afastando-o da Itália, o que provocou sua derrota final.

[33] Públio Terêncio Africano, *O eunuco*, Ato III, seção I, v. 25.

[34] Ciro II, o Grande (cerca de 559–530 a. C.), fundador do Império Persa, atacou Creso, que havia desmobilizado suas tropas e esperava aproveitar o inverno para montar um exército mais poderoso. Ciro lançou sua ofensiva na estação fria e forçou Creso a se refugiar em Sardes. A cidade caiu depois de catorze dias de cerco. O episódio é relatado por Heródoto (I, 76).

Nem todos os tiranos declararam tão abertamente como Ciro que queriam efeminar seus súditos. Mas, de fato, o que ele ordenou formalmente, a maioria o fez veladamente. Esta é a inclinação natural do povo ignorante, cujo número é cada vez maior nas cidades: desconfia daquele que o ama e acredita naquele que o engana. Não penseis que um pássaro caia mais facilmente no laço ou um peixe, por gulodice, morda mais cedo o anzol, que todos esses povos que se deixam atrair prontamente pela servidão, pela menor doçura que os façam provar. É realmente assombroso ver como se deixam ir tão rapidamente ao menor afago que lhes seja dispensado.

OS MEIOS QUE OS TIRANOS EMPREGAVAM PARA ENTORPECER SEUS SÚDITOS SOB O JUGO

O teatro, os jogos, as farsas, os espetáculos, os gladiadores, os animais ferozes, as medalhas, os quadros e outras drogas semelhantes eram para os povos antigos a isca da servidão, o preço de sua liberdade, os instrumentos da tirania. Os tiranos antigos empregavam esses meios, essas práticas, esses atrativos para entorpecer seus súditos sob o jugo. Assim os povos, embrutecidos, achando belos esses passatempos, entretidos por um prazer vão que passava rapidamente diante de seus olhos, acostumavam-se a servir tão ingenuamente, e até pior, quanto as criancinhas que aprendem a ler vendo as imagens brilhantes dos livros coloridos.

Os tiranos de Roma recorreram também a outro meio: dar com frequência festas às decúrias públicas,[35] iludindo como podiam essa canalha que se entrega ao prazer da boca, mais que a qualquer outra coisa. O romano mais sensato e esperto não deixaria sua tigela de sopa para recuperar a liberdade da República de Platão. Os

---

[35] Decúrias públicas eram festas oferecidas aos homens do povo, agrupados de dez em dez e alimentados à custa do erário.

tiranos distribuíam em profusão um quarto de trigo, um sesteiro[36] de vinho e um sestércio,[37] e então dava dó ouvir gritar: "Viva o rei!" Os imbecis não percebiam que recuperavam apenas parte do que era seu, e que mesmo a parte que recuperavam o tirano não poderia dar-lhes se, antes, não a tivesse tirado deles mesmos. O que hoje apanhava o sestércio e se empanturrava no banquete público bendizendo a generosidade de Tibério e Nero no dia seguinte, obrigado a abandonar seus bens à cobiça, seus filhos à luxúria, seu próprio sangue à crueldade desses imperadores magníficos, não dizia palavra, mudo como uma pedra e imóvel como um tronco. O povo ignorante sempre foi assim: entrega-se com paixão ao prazer que não pode receber honestamente e é insensível ao erro e à dor que não pode suportar sem se aviltar.

Hoje não vejo ninguém que, ao ouvir falar de Nero, não trema à simples menção a esse monstro abominável, a essa fera horrenda e imunda. Entretanto, pode-se dizer que depois da morte, tão asquerosa quanto sua vida, desse incendiário, desse carrasco, dessa besta selvagem, o nobre povo romano sentiu tanta tristeza, ao se lembrar de seus jogos e banquetes, que quase chegou a vestir luto. Foi pelo menos o que escreveu Cornélio Tácito,[38] autor excelente, historiador dos mais confiáveis. Isso não deve estranhar considerando-se o que esse mesmo povo já havia feito na morte de Júlio César, que desprezou as leis e a liberdade. Esse personagem, parece-me, não fez nada que tivesse valor, pois a sua própria humanidade, tão elogiada, foi mais funesta que a crueldade do tirano mais selvagem que já existiu, pois na verdade foi essa doçura venenosa que tornou a servidão aprazível para o povo romano. Depois de sua morte

---

[36] O sesteiro era a unidade básica de medida de volume para líquidos do Império Romano. Equivalia, aproximadamente, a meio litro.

[37] O sestércio era uma moeda da Roma antiga, de menor valor. Durante a República era uma pequena moeda de prata. Durante o Império tornou-se uma moeda grande de bronze.

[38] Públio Cornélio Tácito, *Histórias*, I, 4. As *Histórias* narram o período que vai da morte de Nero (68) à coroação de Nerva (96).

aquele povo, que ainda tinha na boca o gosto de seus banquetes e no espírito a lembrança de suas prodigalidades, rivalizava em empilhar os bancos da praça pública para lhe fazer uma grande pira a fim de homenageá-lo, e mais tarde lhe ergueu uma coluna como Pai do povo[39] (o capitel trazia essa inscrição). Por fim, dispensou-lhe mais honras póstumas do que devia a um homem do mundo, a não ser àqueles que o mataram.

ALGUNS BELOS DISCURSOS SOBRE O BEM PÚBLICO E O INTERESSE GERAL

Os imperadores romanos também não se esqueceram de apropriar-se comumente do título de tribuno do povo, porque esse ofício era considerado santo e sagrado. Estabelecido para a defesa e proteção do povo, gozava de alta aceitação no Estado. Asseguravam-se por esse meio de que o povo confiaria mais neles, como se bastasse ouvir esse nome, sem precisar sentir os efeitos. Hoje não são melhores os que, antes de cometer seus crimes mais graves, sempre os fazem preceder por alguns belos discursos sobre o bem público e o interesse geral. Pois, ó Longa, conheces bem o formulário do qual eles podem servir-se com muita sutileza em alguns lugares. Mas é possível falar em fineza onde há tanto descaramento?

Os reis da Assíria, e depois deles os reis medas, tinham o costume de aparecer em público o mais raramente possível, para fazer o povo supor que havia neles algo sobre-humano e deixar sua gente nesse estado de ideias fantasiosas, no qual caem frequentemente os homens de imaginação fértil em relação às coisas que não podem ver com os próprios olhos. Assim, muitas nações que estiveram por longo tempo sob o império desses reis misteriosos se acostumaram a servi-los, e os serviram com tanto mais boa vontade quanto

---

[39] Suetônio, *Vida de César*, 84-88.

ignoravam quem era o seu senhor, ou mesmo se tinham um, de tal sorte que viviam com medo de um soberano que ninguém nunca tinha visto.

Os primeiros reis do Egito nunca se mostravam em público sem levar ora um gato, ora um ramo, ora fogo sobre a cabeça, e desse modo se mascaravam e se fingiam de mágicos. Com essas formas estranhas, inspiravam certa reverência e admiração a seus súditos, que só deveriam rir e zombar deles, se não fossem tão estúpidos ou submissos. É realmente lamentável ouvir falar de quantas coisas os tiranos do passado se valeram para consolidar sua tirania, e de quantos meios mesquinhos se serviam, encontrando sempre o populacho tão bem-disposto em relação a eles que caía em sua rede mesmo quando mal soubessem armá-la. Eles sempre tiveram facilidade em enganá-lo e nunca o sujeitaram melhor do que quando mais zombavam dele.

O que direi de outra farsa que os povos antigos tomaram como certa? Acreditaram firmemente que o dedo polegar de um pé de Pirro,[40] rei de Epiro, fazia milagres e curava os doentes do baço. Enfeitaram ainda mais o conto dizendo que, quando o cadáver desse rei foi queimado, o dedo se achava intacto entre as cinzas, apesar do fogo. O próprio povo estúpido inventa as mentiras, para depois acreditar nelas. Muitos autores escreveram essas mentiras, mas salta aos olhos que as colheram nos boatos das cidades e nas conversas vazias do populacho. Assim são as maravilhas que fez Vespasiano,[41]

---

[40] O sonho de Pirro de construir um grande império começou a desvanecer-se na Batalha de Ásculo, na Apúlia, contra os romanos, em 279 a.C. Tornou-se conhecida como vitória de Pirro, pois teve custos muito altos. Ele foi morto em Argos (272 a.C.), na Grécia, depois que uma velha que observava os combates do telhado atirou nele uma telha, deixando-o atordoado. A história do dedo do pé consta da *Vida de Pirro*, de Plutarco.

[41] Tito Flávio Vespasiano (9–79 d.C.) ocupava-se do assédio a Jerusalém quando seus exércitos o escolheram como imperador para substituir Galba, em 69 d.C. Deixou o filho Tito para concluir a conquista e esmagar a rebelião judaica no ano 70. As "maravilhas" que realizou durante sua volta a Roma se encontram em Suetônio, *Vida de Vespasiano*, VII.

ao voltar da Assíria e passar por Alexandria em direção a Roma para tomar posse do Império: endireitava os coxos, tornava clarividentes os cegos e mil outras coisas nas quais só podia acreditar, a meu ver, quem era mais cego que aqueles que ele pretensamente curava.

Os próprios tiranos achavam estranho que os homens pudessem suportar um homem que os maltratasse. Por isso se cobriam de bom grado com o manto da religião e, se possível, queriam tomar emprestada alguma amostra da divindade para manter sua vida malvada. Assim Salmoneu,[42] por ter zombado do povo querendo passar-se por Júpiter, encontra-se agora no fundo do inferno, segundo a sibila de Virgílio, que o viu

> Sofrendo tormentos cruéis, por querer imitar
> Os estrondos do Olimpo e os raios de Júpiter.
> Puxado por quatro cavalos e agitando uma tocha,
> Atravessava os povos da Grécia e a cidade no centro da Élida,
> Triunfante e pedindo para si as honras divinas.
> Pobre louco, simulava os trovões e o raio inimitável
> Com a trompa de bronze e o tropel dos cascos dos cavalos.
> Mas Júpiter lançou seu raio entre as nuvens densas,
> Não tochas nem as chamas fumegantes de um tição,
> E o precipitou de cabeça no abismo profundo.[43]

Se aquele que quis simplesmente se fazer de tolo está sendo agora tão bem tratado, creio que aqueles que abusaram da religião para fazer o mal se encontrarão em situação ainda pior.

---

[42] Na mitologia grega, Salmoneu, rei da Élida, era filho de Éolo e irmão de Sísifo. Tentou igualar-se a Zeus, imitando seus raios. Quis que seus súditos lhe atribuíssem honras divinas e oferecessem sacrifícios. Foi atirado no inferno por Zeus.

[43] Virgílio, *Eneida*, VI, 585-594.

Os tiranos da França também inventaram sapos, flores-de-lis, a santa ampola e a auriflama.⁴⁴ Coisas das quais, de minha parte e seja como for, não quero descrer, pois nossos antepassados acreditavam nelas e até agora não tivemos oportunidade para suspeitar delas. Pois sempre houve monarcas bons na paz e valentes na guerra, que, embora tivessem nascido como reis, parece que não foram feitos pela natureza como os outros, mas escolhidos antes de nascer por Deus todo-poderoso para o governo e a guarda desse reino. E, mesmo que não fosse assim, não gostaria de entrar em disputa para debater a verdade de nossas histórias, nem de examiná-las tão sutilmente a ponto de apropriar-me desse belo tema em que poderá tão bem se esgrimir nossa poesia francesa, agora não só melhorada, mas por assim dizer renovada por nossos Ronsard, Baïf e du Bellay:⁴⁵ eles fazem nossa língua progredir tanto que logo, ouso esperar, os gregos e os latinos nos superarão somente em antiguidade.

Eu certamente causaria grande dano à nossa rima (uso com prazer essa palavra que não me desagrada, pois, embora alguns a tenham tornado puramente mecânica, vejo muitos outros capazes de enobrecê-la novamente e devolver-lhe o brilho primitivo). Eu lhe causaria, digo, grande dano se a privasse dos belos contos do

---

⁴⁴ São os símbolos heráldicos da realeza da França. Um brasão com três sapos (ou rãs) era atribuído sobretudo a Clóvis (466–511). A flor-de-lis, ornamento heráldico em forma de lírio estilizado, tornou-se na França o emblema da realeza desde a Idade Média. A santa ampola, um recipiente de vidro conservado na Abadia de Reims, continha o óleo destinado a sagrar os reis franceses, na cerimônia de coroação. Segundo a lenda, teria sido entregue por um anjo em forma de pomba a São Remígio de Reims, para ungir a testa de Clóvis no seu batismo, em 496. A auriflama era, originalmente, o estandarte sagrado da Abadia de Saint-Denis. Foi adotado mais tarde pelo rei da França e precedia as tropas reais nas batalhas contra os inimigos.

⁴⁵ Pierre de Ronsard, Joachim du Bellay e Antoine de Baïf eram representantes da Plêiade, grupo de sete poetas do século XVI na França que tomaram como modelos principais os líricos greco-romanos e italianos, de grande importância na renovação da literatura francesa. As ideias da Plêiade foram reunidas num manifesto, *Defesa e ilustração da língua francesa*, publicado em abril de 1549 com a assinatura de Joachim du Bellay.

rei Clóvis, nos quais, parece-me, inspirou-se com tanta graça e facilidade a verve de nosso Ronsard, em sua *Francíada*.[46] Não ignoro de quanto ele é capaz, conheço seu espírito agudo e a graça de seu estilo. Ele saberá tratar da auriflama tão bem como os romanos de suas ancilas e dos "escudos caídos do céu", de que fala Virgílio.[47] Tirará de nossa santa ampola partido tão bom quanto os atenienses do cesto de Erictônio.[48] Falará de nossas armas tão bem quanto eles de sua oliveira, que dizem encontrar-se ainda na torre de Minerva. Certamente, eu seria temerário se quisesse desmentir nossos livros e pisar no terreno de nossos poetas.

Mas, voltando ao meu assunto, do qual me afastei não sei como, não está claro que os tiranos, para se manter, esforçaram-se para acostumar o povo, não só à obediência e à servidão, mas ainda à sua devoção? Tudo o que eu disse até aqui sobre os meios empregados pelos tiranos para habituar os homens a servir mais voluntariamente só é utilizado por eles entre o povo miúdo e grosseiro.

---

[46] Ronsard planejou a *Francíada* com 24 cantos, porém escreveu apenas quatro. O rei Carlos IX o encarregou de compor um grande poema épico sobre a dinastia dos Valois que, à imitação da *Eneida* de Virgílio, vinculasse a origem da França à Guerra de Troia. O futuro glorioso da França é revelado a Franco, filho de Heitor. O poema foi publicado poucos dias depois do massacre da noite de São Bartolomeu, em 24 de agosto de 1572, mas Ronsard havia anunciado seu projeto mais de vinte anos antes.

[47] Virgílio, *Eneida*, VIII, 664. As ancilas eram os escudos sagrados que os sacerdotes sálios carregavam numa procissão anual. Um deles caiu do céu na época de Numa Pompílio (715 a.C.–673 a.C.), segundo rei de Roma. Numa o adotou como talismã do reino e mandou fabricar onze cópias.

[48] Erictônio, rei mítico de Atenas no século XVI a.C., meio homem, meio serpente, era filho de Gaia com Hefesto. Segundo Pausânias (*Descrição da Grécia*, I, 18.2), a deusa Atena o colocou num cesto assim que nasceu e confiou sua guarda a três irmãs, filhas do rei Cécrope I. Proibiu-as de abri-lo, porém duas delas não obedeceram e, ao ver Erictônio com corpo de serpente, enlouqueceram e se atiraram da Acrópole de Atenas. O poeta grego Calímaco (entre 305 e 240 a.C.), no *Hino a Ceres*, fala de um cesto que se supunha ter descido do céu e era levado à noite ao templo da deusa, na celebração das Festas Panateneias, em homenagem a Atena.

Chego agora a um ponto que é, a meu ver, a mola mestra e o segredo da dominação, o apoio e o fundamento da tirania. Quem pensa que as alabardas dos guardas e a vigilância das sentinelas garantem os tiranos se engana completamente, em meu ponto de vista. Creio que recorrem a eles mais por formalidade e como espantalho que pela confiança que lhes inspiram. Os arqueiros barram a entrada dos palácios aos malvestidos que não têm meios para incomodar, não aos que podem abrir caminho por meio das armas. É fácil contar, entre os imperadores romanos, que aqueles que escaparam ao perigo graças ao auxílio de seus arqueiros foram em número bem menor que os que pereceram pelas mãos de seus próprios guardas. Não são os esquadrões de cavalaria, nem os batalhões de infantaria, nem as armas que defendem um tirano. À primeira vista, será difícil acreditar, embora seja a pura verdade: são sempre quatro ou cinco que mantêm o tirano, quatro ou cinco que conservam o país inteiro em servidão.

CÚMPLICES DE SUAS CRUELDADES, COMPANHEIROS DE SEUS PRAZERES, FAVORECEDORES DE SUAS LIBIDINAGENS E BENEFICIÁRIOS DE SUAS RAPINAS

Isso sempre aconteceu porque cinco ou seis obtiveram a confiança do tirano e se aproximaram dele por conta própria, ou foram chamados por ele para serem cúmplices de suas crueldades, companheiros de seus prazeres, favorecedores de suas libidinagens e beneficiários de suas rapinas. Esses seis dominam tão bem seu chefe que ele se torna mau para a sociedade, não só com suas próprias maldades, mas também com as deles. Esses seis têm seiscentos à sua disposição, e fazem com esses seiscentos o que os seis fizeram com o tirano. Esses seiscentos têm sob suas ordens seis mil, que elevaram em dignidade. Fazem dar a eles o governo das províncias ou a administração do dinheiro público a fim de tê-los na mão por sua avidez ou crueldade, para que as exerçam oportunamente e façam tanto mal que não possam manter-se senão sob sua sombra nem se isentar das leis e das punições senão graças à sua proteção.

É enorme a fileira daqueles que os seguem. E quem quiser destrinçar os fios dessa meada verá que, não seis mil, mas cem mil e milhões estão ligados ao tirano por esta corda, da qual ele se serve como Júpiter em Homero, que se gaba de poder trazer a si todos os deuses ao puxar a sua corrente. Daí teve origem o aumento do poder do Senado no tempo de Júlio César, o estabelecimento de novas funções, a instituição de novos ofícios, não certamente para reorganizar a justiça, mas para dar novos apoios à tirania. Em suma, com os ganhos e favores que se recebem dos tiranos, chega-se ao ponto em que são quase tão numerosos aqueles para os quais a tirania parece proveitosa quanto aqueles para quem a liberdade seria agradável.

Como dizem os médicos, se em nosso corpo se forma um tumor, mesmo que em outro lugar nada pareça alterar-se, todos os humores se dirigem para essa parte em mau estado. Do mesmo modo, assim que um rei se declarou tirano, tudo o que é ruim, toda a escória do reino — não falo de um punhado de ladrõezinhos e de patifes que não podem fazer nem mal nem bem num país, mas dos que são possuídos por uma ambição intensa e uma avidez notável — reúne-se ao redor dele e o apoia para participar do butim e se tornar pequenos tiranos sob o grande tirano.

Os grandes ladrões e os corsários famosos costumam fazer assim. Uns correm o país, outros perseguem os viajantes. Uns esperam em emboscada, outros ficam à espreita. Uns massacram, outros despojam. E, embora haja primazias entre eles, e uns sejam apenas subordinados e outros chefes de quadrilha, no fim não há quem não aproveite, senão do butim principal, pelo menos da partilha. Dizem que os piratas cilicianos[49] se reuniram em tão grande número que

---

[49] No século II a.C., a Cilícia se tornou uma fortaleza de piratas, e, para enfrentar essa ameaça, Roma a transformou em uma de suas províncias em 102 a.C. Os piratas só foram eliminados em 67 a.C., depois de uma campanha de Pompeu. Hoje essa antiga província da Ásia Menor faz parte da Turquia asiática.

foi preciso enviar o grande Pompeu[50] contra eles, e que atraíram para sua aliança várias belas e grandes cidades em cujos portos, ao voltar de suas incursões, punham-se em segurança, dando-lhes em troca parte das pilhagens que haviam obtido.

É ASSIM QUE O TIRANO SUBJUGA OS SÚDITOS UNS POR MEIO DOS OUTROS

É assim que o tirano subjuga os súditos — uns por meio dos outros — e se faz guardar por aqueles contra os quais deveria se precaver, se valessem alguma coisa. Mas, como se diz, para partir a lenha são necessárias cunhas da própria madeira. É para isso que existem os arqueiros, os guardas e os alabardeiros. Não que eles mesmos não sofram algumas vezes com a opressão do tirano. Mas esses infelizes e abandonados por Deus e pelos homens se contentam em suportar o mal e em fazê-lo, não àquele que o fez a eles, mas àqueles que, como eles, estão condenados a sofrê-lo e nada podem fazer.

Quando penso nas pessoas que bajulam o tirano para explorar sua tirania e a servidão do povo, muitas vezes fico admirado com sua maldade e sinto piedade de sua tolice. Pois, na verdade, o que é aproximar-se do tirano senão afastar-se cada vez mais da liberdade e, por assim dizer, abraçar e apertar com as duas mãos a servidão? Que eles deixem por um momento de lado sua ambição, libertem-se um pouco de sua avidez, e depois se olhem e considerem a si mesmos: verão claramente que os aldeões e os camponeses aos quais desprezam o quanto podem e tratam como condenados ou escravos, verão, digo, que estes, tão maltratados, são mais felizes que eles e de certo modo mais livres. O camponês e o artesão, por mais submissos que sejam, estão desobrigados ao cumprir o que lhes é imposto.

---

[50] Plutarco, *Vida de Pompeu*.

Mas o tirano vê os que o cercam como pessoas que trapaceiam e mendigam seus favores. Não basta que elas façam o que ele manda, mas também pensem o que ele quer e muitas vezes mesmo antecipem seus pensamentos, para satisfazê-lo. Não é suficiente que lhe obedeçam, precisam também lhe agradar. É preciso que se consumam, se atormentem, se matem de trabalhar por seus interesses. E, já que só sentem prazer com o que lhe dá prazer, precisam sacrificar seu gosto pelo dele, forçar seu temperamento e renunciar até aos seus afetos naturais. Precisam estar sempre atentas a suas palavras, à sua voz, a seus olhares, a seus gestos: seus olhos, seus pés e suas mãos devem estar sempre ocupados em espreitar suas vontades e adivinhar seus pensamentos.

Isso é viver feliz? Pode-se chamar isso de vida? Existe no mundo algo mais insuportável que essa condição, não digo para uma pessoa bem-nascida, mas ainda para alguém que tem o simples bom senso, ou nada mais que o aspecto humano? Existe condição mais miserável que viver assim, não tendo nada de seu e dependendo de outro quanto à sua satisfação, sua liberdade, seu corpo e sua própria vida?

Mas eles querem servir para acumular bens, como se não pudessem ganhar nada que fosse deles, pois nem sequer podem dizer que são donos de si mesmos. E, como se alguém pudesse ter alguma coisa sua sob um tirano, querem tornar-se possuidores de bens, esquecendo-se de que são eles que lhe dão a força para tirar tudo de todos e não deixar nada que se possa dizer que seja de alguém. Eles veem, entretanto, que são os bens que tornam os homens mais dependentes de sua crueldade, que para ele não há crime mais digno de morte que a riqueza. Ele só ama as riquezas e só despoja os ricos, que mesmo assim vêm apresentar-se a ele como carneiros diante do açougueiro, gordos e bem alimentados, como que para despertar seu apetite.

Esses favoritos deveriam lembrar-se menos daqueles que ganharam muito servindo os tiranos que daqueles que, tendo acumulado em excesso durante algum tempo, perderam pouco depois os bens e a vida. Deveriam pensar menos no grande número daqueles que adquiriram riquezas que no pequeno número daqueles que as conservaram. Basta ler todas as histórias antigas e considerar aquelas de que nos lembramos para ver perfeitamente como é grande o número daqueles que, tendo ganho por meios indignos a confiança dos príncipes, adulando suas más inclinações ou abusando de sua simplicidade, acabaram sendo esmagados por esses mesmos príncipes, que proporcionaram tanta facilidade para elevá-los e demonstraram tanta inconstância para defendê-los. Entre o grande número daqueles que se encontraram próximos de reis maus, foram poucos, para não dizer quase nenhum, os que não experimentaram eles mesmos a crueldade do tirano, que antes estimularam contra outros. Muitas vezes enriquecidos à sombra de seu favor com os despojos alheios, no fim o enriqueceram eles mesmos com seus próprios despojos.

ESSAS PESSOAS DE BEM NÃO PODERIAM MANTER-SE JUNTO AO TIRANO

As próprias pessoas de bem, se é possível encontrar alguma amada por um tirano, por mais que desfrutassem de sua graça, por mais que brilhassem nelas a virtude e a integridade que inspiravam algum respeito mesmo aos mais malvados quando os viam de perto, essas pessoas de bem não poderiam manter-se junto ao tirano. Também elas se ressentiam do mal comum e experimentavam em si mesmas a tirania. Sêneca, Burro e Trásea,[51] três pessoas de bem,

---

[51] Lúcio Aneu Sêneca (4 a.C.–65 d.C.) foi desterrado de Roma durante oito anos por intrigas de Messalina, esposa de Cláudio. Agripina o chamou de volta e confiou a ele e a Burro a educação de seu filho Nero. Em 65 d.C., este acusou Sêneca de participar de conspiração, o qual cortou os pulsos. Sexto Afrânio Burro também tentou restringir o poder do tirano, mas perdeu influência após o assassinato de Agripina. Morreu em 62 d.C., provavelmente envenenado por ordem do próprio imperador. Públio Clódio Trásea Peto, senador e conselheiro de Nero, recusou-se a justificar o crime de matricídio. Atacou Nero no Senado, mas em 66 d.C. foi condenado à morte por seus colegas, e acabou abrindo as veias.

duas das quais tiveram a má sorte de se aproximar de um tirano, que confiou a elas a administração de seus negócios, as duas estimadas e queridas por ele, e embora uma delas o tivesse educado, tendo como garantia de sua amizade os cuidados que lhe prestara na infância, esses três, cuja morte foi tão cruel, não são exemplos suficientes da pouca confiança que se deve ter no favor de um soberano péssimo? Na verdade, que amizade se pode esperar daquele que tem o coração tão duro para odiar todo um reino que não faz senão obedecer-lhe, e de um ser que, não sabendo amar, empobrece a si mesmo e destrói seu próprio império?

Se há alguém que diga que Sêneca, Burro e Trásea sofreram essa desgraça por terem sido pessoas de bem, olhe atentamente em volta do próprio Nero: verá que todos aqueles que caíram em suas graças e se mantiveram por suas maldades não duraram mais. Quem já ouviu falar de um amor tão desenfreado, de uma afeição tão constante, quem já viu homem tão obstinadamente ligado a uma mulher como ele a Popeia? Contudo, esta foi envenenada por ele mesmo.[52] Sua mãe, Agripina,[53] matou o próprio marido, Cláudio, para colocá-lo no trono. Ela enfrentou as maiores dificuldades e sofrimentos para favorecê-lo. No entanto seu próprio filho, a quem criou, aquele que ela transformara em imperador com sua mão, tirou-lhe a vida depois de lhe ter armado diversas ciladas.[54] Não houve então ninguém que não dissesse que ela merecera essa punição, se tivesse sido infligida por qualquer outro que não aquele por quem tanto havia feito.

---

[52] Popeia Sabina era a favorita e depois se tornou esposa de Nero, que a matou com um pontapé no ventre durante a gravidez, em 65, segundo Suetônio (*Vida de Nero*, capítulo 35) e Tácito (*Anais*, Livro XVI, capítulo 6). Influenciou Nero a cometer muitos de seus crimes, como o assassinato de sua mãe e a execução de sua esposa Otávia.

[53] Agripina, a Jovem (16–59), mãe de Nero, casou-se em terceiras núpcias com o imperador Cláudio, seu tio. Hábil, ambiciosa e sem escrúpulos, fez que adotasse seu filho e depois o envenenou para colocar Nero no trono.

[54] Suetônio, *op. cit.*, capítulo 34, e Tácito, *op. cit.*, Livro XII, capítulo 67.

Houve alguém mais fácil de manipular, mais simples e, para dizer melhor, mais ingênuo que o imperador Cláudio? Houve alguém mais apaixonado por uma mulher do que ele por Messalina?[55] Ele a entregou, no entanto, ao carrasco. Os tiranos tolos permanecem sempre tolos, a tal ponto que nunca sabem fazer o bem, mas não sei como, finalmente, o pouco espírito que têm desperta neles para praticar crueldade até contra seus próximos. São bem conhecidas as palavras de Calígula, que, ao ver descoberto o pescoço de sua mulher, daquela que mais amava, sem a qual parecia não poder viver, dirigiu-lhe este belo galanteio: "Este belo pescoço será cortado daqui a pouco, se eu mandar".[56] Por isso, os tiranos antigos, em sua maioria, foram quase todos mortos por seus favoritos: conhecendo a natureza da tirania, estes não estavam seguros a respeito da vontade do tirano e desconfiavam de seu poder. Assim, Domiciano[57] foi morto por Estêvão, Cômodo por uma de suas amantes,[58] Antonino pelo centurião Marcial por instigação de Macrino,[59] e da mesma forma quase todos os outros.

---

[55] Valéria Messalina (15–48) foi a quarta mulher do imperador Cláudio e mãe de Britânico e Otávia. Seu nome passou à posteridade como sinônimo de mulher lasciva e dissoluta em excesso. Suspeita de conspirar contra o imperador, foi executada em 48.

[56] Suetônio, *Vida de Calígula*, capítulo 33.

[57] Suetônio, *Vida de Domiciano*, capítulo 17. Tito Flávio Domiciano foi imperador romano de 81 a 96. Sucumbiu à tentação de instaurar a monarquia absoluta, desprezando o Senado e controlando-o em benefício de um conselho imperial que manejava a seu bel-prazer. Morreu assassinado por um escravo, numa conspiração tramada por sua esposa, Domícia Longina. Foi o último dos doze Césares (51–96).

[58] Herodiano, Livro I, capítulo 54. Marco Aurélio Cômodo Antonino (161–192), filho de César Marco Aurélio Antonino Augusto, distinguiu-se pela crueldade. Vários atentados à sua vida fracassaram, mas foi estrangulado por um gladiador quando estava na banheira, numa conspiração da qual participou sua concubina Márcia.

[59] *Ibid.*, Livro IV, capítulo 23. Antonino é Marco Aurélio Antonino Bassiano, conhecido como Caracala. Assassinou o irmão, mandou matar mais de 20 mil pessoas, entre as quais o jurisconsulto Papiniano, e se tornou enérgico, vingativo, orgulhoso e violento, atitudes típicas de um tirano. Foi morto em 217 numa conspiração organizada pelo prefeito do pretório, Macrino. Este o sucedeu, mas só permaneceu no poder catorze meses, sendo executado por seus próprios soldados.

O TIRANO NUNCA AMA E NUNCA É AMADO

Certamente, o tirano nunca ama e nunca é amado. A amizade é um sentimento sagrado, uma coisa santa. Só existe entre pessoas de bem. Nasce da estima mútua e se alimenta não tanto dos benefícios quanto dos bons costumes. O que dá a um amigo a certeza da amizade do outro é o conhecimento de sua integridade. Tem como garantias sua bondade natural, sua fidelidade, sua constância. Não pode haver amizade em que se encontrem a crueldade, a deslealdade, a injustiça. Quando os maus se reúnem há uma conspiração, não uma sociedade. Não se amam, mas se temem. Não são amigos, mas cúmplices.

Mas, mesmo que não fosse assim, seria difícil encontrar um amor sincero num tirano, porque, estando acima de todos e não tendo companheiros, já está além dos limites da amizade. Esta floresce na igualdade, desenvolve-se sempre igual e nunca pode claudicar. É por isso que existe, como dizem, uma espécie de boa-fé entre os ladrões no momento de repartir o butim, porque então todos são iguais e companheiros. Embora não se amem, pelo menos se temem. Não querem, com sua desunião, diminuir sua força.

Mas os favoritos de um tirano nunca podem contar com ele porque aprenderam que pode tudo, que nenhum direito nem dever o obriga, que está acostumado a não ter nenhuma lei além de sua própria vontade e nenhum companheiro por ser senhor de todos. Não é lamentável que, com tantos exemplos evidentes, sabendo que o perigo está tão presente, ninguém queira tirar a lição das misérias de outros e que tantas pessoas se aproximem ainda tão naturalmente dos tiranos? Não se acha um que tenha a previdência e a coragem de lhes dizer o que, segundo a fábula,[60] a raposa disse ao leão que se fingia de doente: "Iria com muito prazer visitá-lo em sua caverna. Mas vejo muitos rastos de animais entrando e nenhum que indique que tenham saído".

---

[60] A fábula é *A raposa e o leão,* de Esopo.

MOSTRAR SEMPRE UM ROSTO SORRIDENTE QUANDO O CORAÇÃO ESTÁ APREENSIVO

Estes miseráveis veem os tesouros do tirano brilhar. Admiram alucinados os raios de sua pompa. Deslumbrados com esse esplendor, aproximam-se dele sem se dar conta que se atiram numa chama que vai consumi-los. Assim o sátiro imprudente, como contam as fábulas antigas,[61] ao ver brilhar o fogo roubado por Prometeu, pareceu-lhe tão belo que foi beijá-lo e se queimou. O mesmo sucede com a borboleta que, esperando gozar de algum prazer, lança-se ao fogo porque o vê brilhar, e logo comprova que ele tem também o poder de queimar, como diz o poeta toscano.[62]

Mas suponhamos ainda que os favoritos consigam livrar-se das mãos daquele que servem: poderão escapar do rei que vem depois? Se for bom, é preciso então lhe prestar contas e submeter-se finalmente à razão. Se for mau como o seu antecessor, não pode deixar de ter também seus favoritos que, geralmente, não contentes em ocupar o lugar dos outros, tiram-lhes também na maioria das vezes seus bens e sua vida. É possível que se encontre alguém que, apesar de tão grande perigo e com tão poucas garantias, queira ocupar uma posição tão infeliz e servir com tantas privações um senhor tão perigoso?

Ó Deus, pode haver maior castigo e martírio que passar dia e noite imaginando maneiras diferentes de agradar a um homem a quem se teme mais que qualquer outro no mundo? Ter os olhos sempre abertos e os ouvidos atentos, para espreitar de onde virá o golpe, para descobrir as ciladas, para desvendar as tramoias dos concorrentes, para adivinhar o traidor? Sorrir para cada um e

---

[61] A citação do sátiro imprudente faz parte de uma obra de Plutarco, *Como tirar proveito dos inimigos*, capítulo 2.
[62] Trata-se de Petrarca, *Cancioneiro*, Soneto XVII. Francesco Petrarca (1304–1374) nasceu em Arezzo, na região da Toscana, na Itália central.

desconfiar de todos, não ter inimigo declarado nem amigo certo, mostrar sempre um rosto sorridente quando o coração está apreensivo? Não poder estar alegre, nem ousar estar triste.

É realmente um prazer considerar o que lhes reverte desse grande tormento, e ver o bem que podem esperar dos sofrimentos de uma vida tão miserável. Geralmente, não é o tirano que o povo acusa do mal que sofre, mas aqueles que o governam. Os povos, as nações, todo o mundo enfim, dos camponeses aos lavradores, sabem seus nomes, descobrem seus vícios e acumulam sobre eles mil ultrajes, mil insultos, mil maldições. Todas as suas orações, todos os seus votos são contra eles. Não há calamidade pública, peste ou fome que não seja atribuída a eles. E se às vezes fingem que lhes prestam homenagem, nunca deixam de amaldiçoá-los no fundo do coração e os abominam mais que os animais selvagens. Esta é a glória e a honra que recebem dessa gente pelos seus serviços. Se cada homem do povo pudesse ter um pedaço de seu corpo, parece-me que ainda não se sentiria satisfeito, nem meio consolado pelos males que sofreu. Mesmo depois de sua morte, as gerações seguintes nunca são tão indolentes que não deslustrem de mil maneiras os nomes desses devoradores de povos[63] com a tinta de mil penas e destroem sua reputação em mil livros. Até seus ossos são, por assim dizer, arrastados na lama pela posteridade, para puni-los ainda depois de sua morte por sua péssima vida.

Aprendamos, pois, a fazer o bem. Levantemos, para nossa honra ou por amor à virtude, os olhos ao céu para o Deus todo-poderoso, testemunha fiel de nossos atos e juiz justo de nossas faltas. De minha parte penso, e creio não estar enganado, que ele reserva nos abismos um castigo especial para os tiranos e seus cúmplices, pois nada é mais contrário a um Deus bom e clemente que a tirania.

---

[63] Homero emprega a expressão "devorador de povos" na *Ilíada* (Canto I, verso 231) para qualificar um rei.

Discours de la
servitude volontaire

(TEXTO ESTABELECIDO POR PAUL BONNEFON,
COM NOTAS E VARIANTES DE SUA AUTORIA.
PUBLICADO EM *OBRAS COMPLETAS* DE
ÉTIENNE DE LA BOÉTIE, EM 1892.)

DISCOVRS

DE LA

SERVITVDE VOLONTAIRE

D'AVOIR plusieurs seigneurs aucun bien ie n'y voy;
Qu'vn, sans plus, soit le maistre, & qu'vn seul soit le roy,

ce disoit Vlisse en Homere, parlant en public. S'il n'eust rien plus dit, sinon

5   *D'auoir plusieurs seigneurs aucun bien ie n'y voy,*

c'estoit autant bien dit que rien plus; mais, au lieu que, pour le raisonner, il falloit dire que la domination de plusieurs ne pouuoit estre bonne, puisque

---

VARIANTES

1.
D'auoir plusieurs seigneurs aucun bien ie ne voy:
Qu'vn sans plus soit le maistre & qu'vn seul soit le roy,

« ce dit Vlysse en Homere, parlant en public. S'il n'eust dit, sinon

D'auoir plusieurs seigneurs aucun bien ie ne voy,

cela estoit tant bien dit que rien plus ». — Les variantes qui ont été relevées en notes sont extraites des *Memoires de l'Estat de France sous Charles neufiesme*, à moins d'indications contraires.

7. « pour parler auec raison ».

la puiſſance d'vn ſeul, deſlors qu'il prend ce tiltre de maiſtre, eſt dure & deſraiſonnable, il eſt allé adiouſter, tout au rebours,

Qu'vn, ſans plus, ſoit le maiſtre, & qu'vn ſeul ſoit le roy.

Il en faudroit, d'auenture, excuſer Vliſſe, auquel poſſible lors eſtoit beſoin d'vſer de ce langage pour appaiſer la reuolte de l'armee; conformant, ie croy, ſon propos plus au temps qu'à la verité. Mais, à parler à bon eſcient, c'eſt vn extreme malheur d'eſtre ſubiect à vn maiſtre, duquel on ne ſe peut iamais aſſeurer qu'il ſoit bon, puiſqu'il eſt touſiours en ſa puiſſance d'eſtre mauuais quand il voudra; & d'auoir pluſieurs maiſtres, c'eſt, autant qu'on en a, autant de fois eſtre extremement malheureux. Si ne veux ie pas, pour ceſte heure, debattre ceſte queſtion tant pourmenee, ſi les autres façons de republique ſont meilleures que la monarchie, ancore voudrois ie ſçauoir, auant que mettre en doute quel rang la monarchie doit auoir entre les republicques, ſi elle en y doit auoir aucun, pour ce qu'il eſt malaiſé de

VARIANTES

5. « Touteſfois à l'auanture il faut excuſer Vliſſe, auquel poſſible lors il eſtoit beſoin d'vſer de ce langage, & de ſ'en ſeruir pour appaiſer la reuolte de l'armee, conformant (ie croy) ſon propos ».

10. « duquel on ne peut eſtre iamais aſſeuré qu'il ſoit bon ».

13. « c'eſt autant que d'auoir autant de fois à eſtre extremement malheureux ».

15. « tant pourmenee aſauoir, ſi les autres façons ».

17. « A quoi ſi ie voulois venir, ancore voudrois ie ſauoir ».

19. « ſi elle y en doit ».

26. « entendre, ſ'il eſt poſſible & comme il ſe peut faire ».

29. « que celle qu'on lui donne ».

30. « ſinon de tant ».

35. « de voir vn million de millions d'hommes ». — Ici commence

croire qu'il y ait rien de public en ce gouuernement, où tout eſt à vn. Mais ceſte queſtion eſt reſeruee pour vn autre temps, & demanderoit bien ſon traité à part, ou pluſtoſt ameneroit quand & ſoy toutes les diſputes politiques.

Pour ce coup, ie ne voudrois ſinon entendre comm' il ſe peut faire que tant d'hommes, tant de bourgs, tant de villes, tant de nations endurent quelque fois vn tyran ſeul, qui n'a puiſſance que celle qu'ils lui donnent; qui n'a pouuoir de leur nuire, ſinon tant qu'ils ont vouloir de l'endurer; qui ne ſçauroit leur faire mal aucun, ſinon lors qu'ils aiment mieulx le ſouffrir que lui contredire. Grand' choſe certes, & toutesfois ſi commune qu'il ſ'en faut de tant plus douloir & moins ſ'esbahir voir vn million d'hommes ſeruir miſerablement, aiant le col ſous le ioug, non pas contrains par vne plus grande force, mais aucunement (ce ſemble) enchantes & charmes par le nom ſeul d'vn, duquel ils ne doiuent ni craindre la puiſſance, puis qu'il eſt ſeul, ny aimer les qualites, puis qu'il eſt en leur endroit inhumain & ſauuage. La foibleſſe d'entre nous hommes eſt telle, qu'il faut

VARIANTES

le long fragment publié dans le second dialogue du *Reueille-Matin des François*. Pour le raccorder à ce qui le précède, le texte de La Boétie y est arrangé de la sorte : « A la verité dire, mon compagnon, c'eſt vne choſe bien eſtrange de voir vn milion de milions d'hommes ſeruir miſerablement ». Quoiqu'elles ne soient pas en général fort importantes, nous en noterons les variantes, en indiquant leur source.

38. « ce me ſemble » *(R.-M.)*.

42. « La foibleſſe d'entre nous hommes eſt telle. Il faut ſouuent que nous obeiſſions à la force, il eſt beſoin de temporiſer, on ne peut pas touſiours eſtre le plus fort ». — Le *Reueille-Matin* donne un texte incompréhensible : « La nobleſſe d'entre nous hommes eſt telle, qu'elle fait ſouuent que nous obeiſſons à la force ».

souuent que nous obeiffions à la force ; il eſt beſoin de
temporiſer, nous ne pouuons pas toûſiours eſtre les
plus forts. Doncques, ſi vne nation eſt contrainte par
la force de la guerre de ſeruir à vn, comme la cité
d'Athenes aus trente tirans, il ne ſe faut pas esbahir
qu'elle ſerue, mais ſe plaindre de l'accident ; ou bien
pluſtoſt ne ſ'esbahir ni ne ſ'en plaindre, mais porter le
mal patiemment & ſe reſeruer à l'aduenir à meilleure
fortune.

Noſtre nature eſt ainſi, que les communs deuoirs
de l'amitié emportent vne bonne partie du cours de
noſtre vie ; il eſt raiſonnable d'aimer la vertu, d'eſtimer
les beaus faicts, de reconnoiſtre le bien d'où l'on l'a
receu, & diminuer ſouuent de noſtre aiſe pour aug-
menter l'honneur & auantage de celui qu'on aime
& qui le merite. Ainſi doncques, ſi les habitans d'vn
païs ont trouué quelque grand perſonnage qui leur
ait monſtré par eſpreuue vne grand' preueoiance pour
les garder, vne grand' hardieſſe pour les defendre,
vn grand ſoing pour les gouuerner ; ſi, de là en auant,
ils ſ'appriuoiſent de lui obeïr & ſ'en fier tant que de
lui donner quelques auantages, ie ne ſçay ſi ce ſeroit
ſageſſe, de tant qu'on l'oſte de là où il faiſoit bien,

VARIANTES

6. « ains ſe plaindre » *(R.-M.)*.
11. « emportent bonne partie » *(R.-M.)*.
12. « eſt bien raiſonnable » *(R.-M.)*
13. « de conoiſtre le bien ».
14. « diminuer ſouuent noſtre aiſe » *(R.-M.)*.
18. « grande prouidence » *(R.-M.)*
19. « pour les garder, grande hardieſſe ».

20. « ſi de là en auant ils ſ'appriuoiſent de luy obeir & ſe fier tant de luy, que de luy donner quelque auantage (ie ne ſçay ſi ce ſera ſageſſe de l'oſter de là où il faiſoit bien pour l'auancer en vn lieu où il pourra mal faire), mais il ne peut faillir d'y auoir de la bonté du coſté de ceux qui l'esleuent, de ne craindre point mal de celuy de qui on n'a receu que bien » *(R.-M.)*.

pour l'auancer en lieu où il pourra mal faire; mais
25 certes fy ne pourroit il faillir d'y auoir de la bonté, de
ne craindre point mal de celui duquel on n'a receu
que bien.

Mais, ô bon Dieu! que peut eftre cela? comment
dirons nous que cela f'appelle? quel malheur eft celui
30 là? quel vice, ou pluftoft quel malheureux vice? voir
vn nombre infini de perfonnes non pas obeir, mais
feruir; non pas eftre gouuernes, mais tirannifes;
n'aians ni biens, ni parens, femmes ny enfans, ni leur
vie mefme qui foit à eux! foüffrir les pilleries, les
35 paillardifes, les cruautes, non pas d'vne armee, non
pas d'vn camp barbare contre lequel il faudroit
defpendre fon fang & fa vie deuant, mais d'vn feul;
non pas d'vn Hercule ny d'vn Samfon, mais d'vn feul
hommeau, & le plus fouuent le plus lafche & femelin
40 de la nation; non pas accouftumé à la poudre des
batailles, mais ancore à grand peine au fable des
tournois; non pas qui puiffe par force commander aux
hommes, mais tout empefché de feruir vilement à la
moindre femmelette! Appellerons nous cela lafcheté?
45 dirons nous que ceux qui feruent foient couards &
recreus? Si deux, fi trois, fi quatre ne fe defendent

VARIANTES

28. « comment pourrons-nous dire » (R.-M.).
29. « quel malheur eft ceftuy-là? ou quel vice ».
31. « vn nombre infini non pas obeir ».
32. « non pas eftre gouuernees, mais tyrannifees » (R.-M.).
33. « ni parens ni enfans ».
39. « & le plus fouuent du plus lafche & femenin de la nation. » — Reueille-Matin : « mais d'vn feul hommeau, le plus lafche & femelin de toute la nation ».
44. « Appelons-nous ».
45. « ceux là qui feruent ». — Reueille-Matin : « qui feruent à vn fi lafche tyran ».
46. « Si deux, fi trois, fi quatre ne fe defendent d'vn; cela eft eftrange,

d'vn, cela eſt eſtrange, mais toutesfois poſſible ; bien pourra l'on dire lors, à bon droict, que c'eſt faute de cœur. Mais ſi cent, ſi mille endurent d'vn ſeul, ne dira l'on pas qu'ils ne veulent point, non qu'ils n'oſent pas ſe prendre à luy, & que c'eſt non couardiſe, mais pluſtoſt meſpris ou deſdain ? Si l'on void, non pas cent, non pas mille hommes mais cent païs, mille villes, vn million d'hommes, n'aiſſaillir pas vn ſeul, duquel le mieulx traité de tous en reçoit ce mal d'eſtre ſerf & eſclaue, comment pourrons nous nommer cela ? eſt ce laſcheté ? Or, il y a en tous vices naturellement quelque borne, outre laquelle ils ne peuuent paſſer : deux peuuent craindre vn, & poſſible dix ; mais mille, mais vn million, mais mille villes, ſi elles ne ſe deffendent d'vn, cela n'eſt pas couardiſe, elle ne va point iuſques là ; non plus que la vaillance ne ſ'eſtend pas qu'vn ſeul eſchelle vne forterſſe, qu'il aſſaille vne armee, qu'il conqueſte vn roiaume. Doncques quel monſtre de vice eſt cecy qui ne merite pas ancore le tiltre de couardiſe, qui ne trouue point de nom aſſes vilain, que la nature deſaduoue auoir fait & la langue refuſe de nommer ?

VARIANTES

& poſſible pourra l'on bien dire lors à bon droit que c'eſt faute de cœur *(R.-M.)*.

4. « qu'ils ne veulent point, qu'ils n'oſent pas ».

6. « meſpris & deſdain ».

9. « en reçoit mal ».

11. « Or, y a il » *(R.-M.)*.

13. « & poſſible dix le craindront » *(R.-M.)*.

15. « ce n'eſt pas » *(R.-M.)*.

18. « qu'il conquierre vn royaume ». — Le *Reueille-Matin* donne la même leçon.

20. « le nom de couardiſe » *(R.-M.)*

20. « qui ne trouue de nom aſſez vilain, que Nature deſauoue auoir fait, & la langue refuſe de le nommer ». — Le *Reueille-Matin* écrit fautivement « longueur » au lieu de « langue ».

25. « les vns combattans » *(R.-M.)*.

Qu'on mette d'vn cofté cinquante mil hommes en armes, d'vn autre autant; qu'on les range en bataille;
25 qu'ils viennent à fe ioindre, les vns libres combattans pour leur franchife, les autres pour la leur ofter : aufquels promettra l'on par coniecture la victoire? lefquels penfera l'on qui plus gaillardement iront au combat, ou ceux qui efperent pour guerdon de leurs
30 peines l'entretenement de leur liberté, ou ceux qui ne peuuent attendre autre loyer des coups qu'ils donnent ou qu'ils reçoiuent que la feruitude d'autrui? Les vns ont toufiours deuant les yeulx le bon heur de la vie paffee, l'attente de pareil aife à l'aduenir; il ne
35 leur fouuient pas tant de ce peu qu'ils endurent, le temps que dure vne bataille, comme de ce qu'il leur conuiendra à iamais endurer, à eux, à leurs enfans & à toute la pofterité. Les autres n'ont rien qui les enhardie qu'vne petite pointe de conuoitife qui fe
40 reboufche foudain contre le danger & qui ne peut eftre fi ardante que elle ne fe doiue, ce femble, efteindre de la moindre goutte de fang qui forte de leurs plaies. Aus batailles tant renommees de Miltiade, de Leonide, de Themiftocle, qui ont efté donnees deux mil ans y

VARIANTES

29. « pour le guerdon » *(R.-M.)*.
31. « attendre loyer ».
33. « deuant leurs yeux le bonheur de leur vie paffee ».
35. « il ne leur fouuient pas tant de ce qu'ils endurent, ce peu de temps que dure vne bataille, comme de ce qu'il conuiendra à iamais endurer à eux, à leurs enfans & à toute la pofterité ». — Le *Reueille-Matin* donne la même leçon, sauf à la fin : « & à toute leur pofterité ».
39. « enhardiffe ». — La même leçon se lit dans le *Reueille-Matin*.
39. « de leur conuoitife » *(R.-M.)*.
41. « qu'elle ne fe doiue & femble efteindre par la moindre goutte de fang qui forte de leurs playes ». — *Reueille-Matin* : « qu'elle ne fe doiue (ce femble) efteindre par la moindre goutte de fang qui forte de leurs playes ».

a & qui font ancores auiourd'hui auſſi freſches en la
memoire des liures & des hommes comme ſi c'euſt
efté l'aultr' hier, qui furent donnees en Grece pour le
bien des Grecs & pour l'exemple de tout le monde,
qu'eſt ce qu'on penſe qui donna à ſi petit nombre
de gens, comme eſtoient les Grecs, non le pouuoir,
mais le cœur de fouſtenir la force de tant de nauires
que la mer meſme en eſtoit chargee, de defaire tant
de nations, qui eſtoient en ſi grand nombre que
l'eſcadron des Grecs n'euſt pas fourni, ſ'il euſt fallu,
des cappitaines aus armees des ennemis, ſinon qu'il
ſemble qu'à ces glorieux iours là ce n'eſtoit pas tant
la bataille des Grecs contre les Perſes, comme la
victoire de la liberté ſur la domination, de la franchiſe
ſur la conuoitiſe ?

C'eſt choſe eſtrange d'ouïr parler de la vaillance que
la liberté met dans le cœur de ceux qui la deffendent;
mais ce qui ſe fait en tous païs, par tous les hommes,
tous les iours, qu'vn homme maſtine cent mille & les
priue de leur liberté, qui le croiroit, ſ'il ne faiſoit que

VARIANTES

1. « & viuent encore auiour-d'huy auſſi freſches en la memoire des liures & des hommes, comme ſi c'euſt eſté l'autre hier qu'elles furent donnees en Grece, pour le bien de Grece & pour l'exemple de tout le monde ». — Même leçon dans le *Reueille-Matin*, ſauf la différence : « comme ſi c'euſt eſté l'autr'hier, qui furent donnees ».

5. « & queſt ce ». *(R.-M.)*.

10. « n'euſt pas fourny ſeulement de capitaines » *(R.-M.)*.

12. « qu'en ces glorieux iours là ». — *Reueille-Matin :* « que ces glorieux iours là ».

18. Dans le *Reueille-Matin*, ce paſſage est arrangé de la façon ſuivante : « mais ce qui ſe fait tous les iours deuant nos yeux en noſtre France ».

19. « qu'vn homme ſeul maſtine cent mille villes ».

21. « & ſ'il ne ſe voyoit qu'en pays eſtranges ».

23. « feint & controuué ».

25. « il n'eſt pas beſoin de ſ'en defendre ».

l'ouïr dire & non le voir ? &, s'il ne se faisoit qu'en
païs estranges & lointaines terres, & qu'on le dit, qui
ne penseroit que cela fut plustost feint & trouué que
non pas veritable ? Encores ce seul tiran, il n'est pas
25 besoin de le combattre, il n'est pas besoin de le
defaire, il est de soymesme defait, mais que le païs ne
consente à sa seruitude ; il ne faut pas lui oster rien,
mais ne lui donner rien ; il n'est pas besoin que le païs
se mette en peine de faire rien pour soy, pourueu
30 qu'il ne face rien contre soy. Ce sont donc les peuples
mesmes qui se laissent ou plustost se font gourmander,
puis qu'en cessant de seruir ils en seroient quittes ;
c'est le peuple qui s'asseruit, qui se coupe la gorge,
qui aiant le chois ou d'estre serf ou d'estre libre, quitte
35 sa franchise & prend le ioug, qui consent à son mal,
ou plustost le pourchasse. S'il lui coustoit quelque
chose à recouurer sa liberté, ie ne l'en presserois
point, combien qu'est ce que l'homme doit auoir plus
cher que de se remettre en son droit naturel, &, par
40 maniere de dire, de beste reuenir homme ; mais ancore

VARIANTES

27. « ne consente pas » *(R.-M.)*.
27. « luy rien oster ».
28. « il n'est point besoin que le pays se mette en peine de faire rien pour soy, mais qu'il ne se mette pas en peine de faire rien contre soy ».
— *Reueille-Matin :* « mais qu'il s'estudie à ne rien faire contre soy ».
30. Cette phrase est au singulier dans le *Reueille-Matin,* comme toute la suite du développement.
35. « & prend le ioug & pouuant viure sous les bonnes loix & sous la protection des Estats, veut viure sous l'iniquité, sous l'oppression & iniustice, au seul plaisir de ce tyran. C'est le peuple qui consent à son mal, ou plustost le pourchasse » *(R.-M.)*.
37. « de recouurer sa liberté ».
38. « combien que ce soit ce que l'homme doit auoir plus cher que de se remettre en droit naturel, &, par maniere de dire, de beste reuenir à homme ». — *Reueille-Matin :* « combien qu'est-ce que l'homme doit auoir plus cher, que de le remettre en son droit naturel, &, par maniere de dire, de beste reuenir homme ».

ie ne desire pas en lui si grande hardiesse; ie lui permets qu'il aime mieux vne ie ne sçay quelle seureté de viure miserablement qu'vne douteuse esperance de viure à son aise. Quoi? si pour auoir liberté il ne faut que la desirer, s'il n'est besoin que d'vn simple vouloir, se trouuera il nation au monde qui l'estime ancore trop chere, la pouuant gaigner d'vn seul souhait, & qui pleigne sa volonté à recouurer le bien lequel il deuroit racheter au prix de son sang, & lequel perdu, tous les gens d'honneur doiuent estimer la vie desplaisante & la mort salutaire? Certes, comme le feu d'vne petite estincelle deuient grand & tousiours se renforce, & plus il trouue de bois, plus il est prest d'en brusler, &, sans qu'on y mette de l'eaue pour l'esteindre, seulement en n'y mettant plus de bois, n'aiant plus que consommer, il se consomme soymesme & vient sans force aucune & non plus feu : pareillement les tirans, plus ils pillent, plus ils exigent, plus ils ruinent & destruisent, plus on leur baille, plus on les sert, de tant plus ils se fortiffient & deuiennent tousiours plus forts & plus frais pour aneantir & destruire tout; &

VARIANTES

1. « en lui vne si grande » *(R.-M.)*.

2. « ie ne lui permets point qu'il aime mieux vne ie ne sçay quelle seureté de viure à son aise ». — *Reueille-Matin :* « ie lui permets qu'il aime mieux vne ie ne sçay quelle seureté de viure miserablement, qu'vne douteuse esperance de viure aise ».

4. « Quoy? si pour auoir la liberté, il ne luy faut que la desirer, s'il n'a besoin que d'vn simple vouloir, se trouuera il nation au monde qui l'estime trop chere, la pouuant gaigner d'vn seul souhait? & qui plaigne sa volonté à recouurer le bien, lequel on deuroit racheter au prix de son sang? » — *Reueille-Matin :* « s'il n'est besoin que d'vn simple vouloir ».

11. « tout ainsi comme ». — *Reueille-Matin :* « tout ainsi que ».

13. « plus est prest ».

15. « seulement n'y mettant » *(R.-M.)*.

15. « n'ayant plus que consumer,

si on ne leur baille rien, si on ne leur obeït point, sans combattre, sans frapper, ils demeurent nuds & deffaits & ne font plus rien, sinon que comme la
25 racine, n'aïans plus d'humeur ou aliment, la branche deuient seche & morte.

Les hardis, pour acquerir le bien qu'ils demandent, ne craignent point le dangier; les aduises ne refusent point la peine : les lasches & engourdis ne sçauent
30 ni endurer le mal, ni recouurer le bien; ils s'arrestent en cela de les souhaitter, & la vertu d'y pretendre leur est ostee par leur lascheté; le desir de l'auoir leur demeure par la nature. Ce desir, ceste volonté est commune aus sages & aus indiscrets, aus courageus
35 & aus couars, pour souhaitter toutes choses qui, estant acquises, les rendroient heureus & contens : vne seule chose en est à dire, en laquelle ie ne sçay comment nature defaut aus hommes pour la desirer, c'est la liberté, qui est toutesfois vn bien si grand & si plai-
40 sant, qu'elle perdue, tous les maus viennent à la file, & les biens mesme qui demeurent apres elle perdent entierement leur goust & sçaueur, corrompus par la

VARIANTES

il se consume soy mesme & deuient sans forme aucune & n'est plus feu ». — *Reueille-Matin :* « n'ayant plus que consumer, il se consume soy mesme, & vient sans force aucune & n'est plus feu ».
18. « plus exigent » *(R.-M.)*.
20. « d'autant plus ».
24. « sinon comme la racine estant sans humeur ou aliment, la branche deuient seche & morte » *(R.-M.)*.
29. « les lasches & estourdis » *(R.-M.)*.

31. « de le souhaiter ». — *Reueille-Matin :* « & s'arrestent en cela de le souhaiter ».
31. « la vertu d'y pretendre leur est ostee par celle lascheté » *(R.-M.)*.
35. « lesquelles estant acquises, les rendront heureus » *(R.-M.)*.
36. « vne seule en est à dire, en laquelle ie ne sçay comme nature defaut aux hommes pour la desirer ».
39. « si grand & plaisant ».

seruitude : la seule liberté, les hommes ne la desirent
point, non pour autre raison, ce semble, sinon que
ſ'ils la desiroient, ils l'auroient, comme ſ'ils refuſoient
de faire ce bel acqueſt, seulement par ce qu'il eſt
trop aiſé.

Pauures & miſerables peuples inſenſes, nations
opiniaſtres en voſtre mal & aueugles en voſtre bien,
vous vous laiſſes emporter deuant vous le plus beau
& le plus clair de voſtre reuenu, piller vos champs,
voller vos maiſons & les deſpouiller des meubles
anciens & paternels! vous viues de ſorte que vous
ne vous pouues vanter que rien ſoit à vous; & ſem-
bleroit que meshui ce vous ſeroit grand heur de tenir
à ferme vos biens, vos familles & vos vies; & tout ce
degaſt, ce malheur, ceſte ruine, vous vient, non pas
des ennemis, mais certes oui bien de l'ennemy, & de
celui que vous faites ſi grand qu'il eſt, pour lequel
vous alles ſi courageuſement à la guerre, pour la
grandeur duquel vous ne refuſes point de preſenter à
la mort vos perſonnes. Celui qui vous maiſtriſe tant
n'a que deus yeulx, n'a que deus mains, n'a qu'vn

VARIANTES

2. « non pas pour ».
2. « ſinon pource que ſ'ils le deſiroient ».
3. « comme ſ'ils refuſoient faire ce bel acqueſt ».
6. « Pauures gens & miſerables ». — *Reueille-Matin :* « Poures & miſerables Français, peuple inſenſé! nation opiniaſtre en ton mal & aueuglee en ton bien ».
11. « vous viuez de ſorte que vous pouuez dire que rien n'eſt à vous ».

14. « de tenir à moitié ». — *Reueille-Matin :* « de tenir à meſtayrie ».
16. « mais bien certes ». — *Reueille-Matin :* « mais certes bien ».
19. « de mettre à la mort » (R.-M.).
22. « le moindre homme du grand nombre infiny de vos villes : ſinon qu'il a plus que vous tous, c'eſt l'auantage que vous lui faites pour vous deſtruire ». — *Reueille-Matin :* « ſinon qu'il a plus que vous tous

corps, & n'a autre chose que ce qu'a le moindre homme du grand & infini nombre de vos villes, sinon que l'auantage que vous luy faites pour vous
25 destruire. D'où a il pris tant d'yeulx, dont il vous espie, si vous ne les luy bailles? comment a il tant de mains pour vous fraper, s'il ne les prend de vous? Les pieds dont il foule vos cites, d'où les a il, s'ils ne sont des vostres? Comment a il aucun pouuoir sur
30 vous, que par vous? Comment vous oseroit il courir sus, s'il n'auoit intelligence auec vous? Que vous pourroit il faire, si vous n'esties receleurs du larron qui vous pille, complices du meurtrier qui vous tue & traistres à vous mesmes? Vous semes vos fruicts,
35 afin qu'il en face le degast; vous meubles & remplisses vos maisons, afin de fournir à ses pilleries; vous nourrisses vos filles, afin qu'il ait de quoy saouler sa luxure; vous nourrisses vos enfans, afin que, pour le mieulx qu'il leur sçauroit faire, il les mene en ses guerres,
40 qu'il les conduise à la boucherie, qu'il les face les ministres de ses conuoitises & les executeurs de ses vengeances; vous rompes à la peine vos personnes,

VARIANTES

vn cœur deloyal, felon, & l'auantage que vous lui donnez pour vous destruire ».

25. « D'où a il pris tant d'yeulx ? d'où vous espie il, si vous ne les luy donnez? »

30. « que par vous austres mesmes ».

32. « recelateurs » *(R.-M.)*.

34. « & traistres de vous mesmes ».

35. « afin qu'il en face degast » *(R.-M.)*.

35. « vous meubles, remplisses ».

36. « pour fournir à ses voleries ». — *Reueille-Matin*: « pour fournir à ses pilleries & volleries ».

37. « de quoy rassasier » *(R.-M.)*.

38. « vous nourrissez vos enfans, à fin qu'il les meine, pour le mieux qu'il face, en ses guerres; qu'il les meine à la boucherie; qu'il les face les ministres de ses conuoitises, les executeurs de ses vengeances ». — Le *Reueille-Matin* ajoute: « & bourreaux des consciences de vos concitoyens ».

afin qu'il fe puiffe mignarder en fes delices & fe
veautrer dans les fales & vilains plaifirs; vous vous
affoibliffes, afin de le rendre plus fort & roide à vous
tenir plus courte la bride; & de tant d'indignites, que
les beftes mefmes ou ne les fentiroient point, ou ne
l'endureroient point, vous pouues vous en deliurer,
fi vous l'effaies, non pas de vous en deliurer, mais
feulement de le vouloir faire. Soies refolus de ne
feruir plus, & vous voilà libres. Ie ne veux pas que
vous le pouffies ou l'esbranfiies, mais feulement ne le
fouftenes plus, & vous le verres, comme vn grand
coloffe à qui on a defrobé la bafe, de fon pois mefme
fondre en bas & fe rompre.

Mais certes les medecins confeillent bien de ne
mettre pas la main aux plaies incurables, & ie ne fais
pas fagement de vouloir prefcher en cecy le peuple
qui a perdu, long temps a, toute congnoiffance, &
duquel, puis qu'il ne fent plus fon mal, cela monftre
affes que fa maladie eft mortelle. Cherchons donc
par coniecture, fi nous en pouuons trouuer, comment
f'eft ainfi fi auant enracinee cefte opiniaftre volonté
de feruir, qu'il femble maintenant que l'amour mefme
de la liberté ne foit pas fi naturelle.

Premierement, cela eft, comme ie croy, hors de

VARIANTES

1. « en delices » *(R.-M.)*.
3. « afin de le faire plus fort ».
4. « et » (mot supprimé) *(R.-M.)*.
5. « que les beftes mefmes ou ne fentiroient point ou n'endureroient point. — *Reueille-Matin :* « que les beftes mefmes ne les fouffriroient point ».
7. « fi vous effaiez ».

10. « ni le branfliez ». — *Reueille-Matin :* « ou esbranliez ».
11. « et » (mot supprimé).
12. *Reueille-Matin :* « de foy mefme ». — Ici finit le fragment publié dans le *Reueille-Matin des François*.
16. « de vouloir en cecy confeiller ».
17. « long temps y a ».

doute que, fi nous viuions auec les droits que la nature nous a donné & auec les enfeignemens qu'elle nous apprend, nous ferions naturellement obeïffans aus parens, fubiets à la raifon, & ferfs de perfonne. De l'obeïffance que chacun, fans autre aduertiffement que de fon naturel, porte à fes pere & mere, tous les hommes f'en font tefmoins, chacun pour foy ; de la raifon, fi elle nait auec nous, ou non, qui eft vne queftion debattue à fons par les academiques & touchee par toute l'efcole des philofophes. Pour cefte heure ie ne penferai point faillir en difant cela, qu'il y a en noftre ame quelque naturelle femence de raifon, laquelle, entretenue par bon confeil & couftume, florit en vertu, &, au contraire, fouuent ne pouuant durer contre les vices furuenus, eftouffee, f'auorte. Mais certes, f'il y a rien de clair ni d'apparent en la nature & où il ne foit pas permis de faire l'aueugle, c'eft cela que la nature, la miniftre de Dieu, la gouuernante des hommes, nous a tous faits de mefme forme &, comme il femble, à mefme moule, afin de nous entreconnoiftre tous pour compaignons ou pluftoft pour freres ; & fi, faifant les partages des prefens qu'elle nous faifoit, elle a fait quelque auantage de fon bien, foit au corps ou en l'efprit, aus

VARIANTES

18. « cela feul monftre affez ».
24. « hors de notre doute ».
25. « auec les droits que Nature nous a donnes & les enfeignemens qu'elle nous apprend ».
31. « tous les hommes en font tefmoins, chacun en foy & pour foy ».
33. « debattue au fond ».

35. « en croyant cela ».
37. « qui, entretenue par bon confeil ».
40. « & d'apparent en la nature & en quoy ».
42. « que Nature, le miniftre de Dieu & la gouuernante des hommes ».
47. « qu'elle nous donnoit ».

vns plus qu'aus autres, fi n'a elle pourtant entendu
nous mettre en ce monde comme dans vn camp clos,
& n'a pas enuoié icy bas les plus forts ny les plus
auifez, comme des brigans armes dans vne foreſt,
pour y gourmander les plus foibles ; mais pluſtoſt 5
faut il croire que, faifant ainfi les parts aus vns plus
grandes, aus autres plus petites, elle vouloit faire
place à la fraternelle affection, afin qu'elle eut où
f'emploier, aians les vns puiſſance de donner aide,
les autres befoin d'en receuoir. Puis doncques que 10
cefte bonne mere nous a donné à tous toute la terre
pour demeure, nous a tous loges aucunement en
mefme maifon, nous a tous figures à mefme patron,
afin que chacun fe peuſt mirer & quafi reconnoiſtre
l'vn dans l'autre ; fi elle nous a donné à tous ce 15
grand prefent de la voix & de la parolle pour nous
accointer & fraternifer dauantage, & faire, par la
commune & mutuelle declaration de nos penfees,
vne communion de nos volontes ; & fi elle a tafché
par tous moiens de ferrer & eſtreindre fi fort le nœud 20
de noſtre alliance & focieté ; fi elle a monſtré, en
toutes chofes, qu'elle ne vouloit pas tant nous faire
tous vnis que tous vns, il ne faut pas faire doute
que nous ne foions tous naturellement libres, puis
que nous fommes tous compaignons, & ne peut 25
tomber en l'entendement de perfonne que nature ait

VARIANTES

6. « aux vns les parts plus grandes ».
10. « & les autres ».
13. « en vne mefme maifon ».
13. « en mefme pafte ».
15. « fi elle nous a, tous en commun, donné ».
20. « plus fort ».
22. « qu'elle ne vouloit tant ».
24. « que nous foions ».

mis aucun en feruitude, nous aiant tous mis en compaignie.

Mais, à la verité, c'eſt bien pour neant de debattre
ſi la liberté eſt naturelle, puis qu'on ne peut tenir aucun en feruitude ſans lui faire tort, & qu'il n'i a rien ſi contraire au monde à la nature, eſtant toute raiſonnable, que l'iniure. Reſte doncques la liberté eſtre naturelle, & par meſme moien, à mon aduis, que nous ne ſommes pas nez ſeulement en poſſeſſion de noſtre franchiſe, mais auſſi auec affection de la deffendre. Or, ſi d'auenture nous faiſons quelque doute en cela, & ſommes tant abaſtardis que ne puiſſions reconnoiſtre nos biens ni ſemblablement nos naïfues affections, il faudra que ie vous face l'honneur qui vous appartient, & que ie monte, par maniere de dire, les beſtes brutes en chaire, pour vous enſeigner voſtre nature & condition. Les beſtes, ce maid' Dieu! ſi les hommes ne font trop les ſourds, leur crient : VIVE LIBERTÉ! Pluſieurs en y a d'entre elles qui meurent auſſy toſt qu'elles ſont priſes : comme le poiſſon quitte la vie auſſy toſt que l'eaue, pareillement celles là quittent la lumiere & ne veulent point ſuruiure à leur naturelle franchiſe. Si les animaus auoient entre eulx quelques preeminences, ils feroient de celles là leur nobleſſe. Les autres, des plus grandes iuſques aus plus petites, lors qu'on les prend, font ſi grand'

VARIANTES

31. « qu'il n'y a rien au monde ſi contraire à la Nature ».
33. « Reſte donc de dire que la liberté eſt naturelle ».
35. « pas ſeulement naiz ».
45. « y en a ».
46. « ſi toſt ».
47. « qui perd la vie ».
49. « Si les animaus auoyent entre eux leurs rangs & preemi-

resiſtence d'ongles, de cornes, de bec & de pieds,
qu'elles declarent aſſes combien elles tiennent cher
ce qu'elles perdent ; puis, eſtans priſes, elles nous
donnent tant de ſignes apparens de la congnoiſſance
qu'elles ont de leur malheur, qu'il eſt bel à voir que
dores en là ce leur eſt plus languir que viure, &
qu'elles continuent leur vie plus pour plaindre leur
aiſe perdu que pour ſe plaire en ſeruitude. Que veut
dire autre choſe l'elephant qui, ſ'eſtant defendu
iuſques à n'en pouuoir plus, n'i voiant plus d'ordre,
eſtant ſur le point d'eſtre pris, il enfonce ſes machoires
& caſſe ſes dents contre les arbres, ſinon que le grand
deſir qu'il a de demourer libre, ainſi qu'il eſt, luy fait
de l'eſprit & l'aduiſe de marchander auec les chaſſeurs
ſi, pour le pris de ſes dens, il en ſera quitte, & ſ'il
fera receu à bailler ſon iuoire & paier ceſte rançon
pour ſa liberté ? Nous apaſtons le cheual deſlors qu'il
eſt né pour l'appriuoiſer à ſeruir ; & ſi ne le ſçauons
nous ſi bien flatter que, quand ce vient à le domter,
il ne morde le frein, qu'il ne rue contre l'eſperon,
comme (ce ſemble) pour monſtrer à la nature &
teſmoigner au moins par là que, ſ'il ſert, ce n'eſt
pas de ſon gré, ains par noſtre contrainte. Que faut
il donc dire ?

Meſmes les bœufs ſoubs le pois du ioug geignent,
Et les oiſeaus dans la caige ſe pleignent,

VARIANTES

nences, ils feroyent (à mon aduis) de liberté leur nobleſſe ».
1. « de pieds, de bec ».
2. « combien tiennent ».
17. « comme il eſt nay ».
19. « tant flatter ».
23. « mais par noſtre contrainte ».
25. « *ſous les pieds* ».
27. « i'ay dit ailleurs, paſſant ».
29. « deſquels ie ne lis ».

comme i'ai dit autresfois, paſſant le temps à nos
rimes françoiſes : car ie ne craindray point, eſcriuant
à toi, ô Longa, meſler de mes vers, deſquels ie ne te
30 lis iamais que, pour le ſemblant que tu fais de t'en
contenter, tu ne m'en faces tout glorieus. Ainſi donc,
puiſque toutes choſes qui ont ſentiment, deſlors
qu'elles l'ont, ſentent le mal de la ſuietion & courent
apres la liberté ; puiſque les beſtes, qui ancore ſont
35 faites pour le ſeruice de l'homme, ne ſe peuuent
accouſtumer à ſeruir qu'auec proteſtation d'vn deſir
contraire, quel mal encontre a eſté cela qui a peu
tant denaturer l'homme, ſeul né, de vrai, pour viure
franchement, & lui faire perdre la ſouuenance de ſon
40 premier eſtre & le deſir de le reprendre ?

Il y a trois ſortes de tirans : les vns ont le roiaume
par election du peuple, les autres par la force des
armes, les autres par ſucceſſion de leur race. Ceus
qui les ont acquis par le droit de la guerre, ils ſ'y
45 portent ainſi qu'on connoit bien qu'ils ſont (comme
l'on dit) en terre de conqueſte. Ceus là qui naiſſent
rois ne ſont pas communement gueres meilleurs, ains
eſtans nes & nourris dans le ſein de la tirannie, tirent
auec le lait la nature du tiran, & font eſtat des peuples
50 qui ſont ſoubs eus comme de leurs ſerfs hereditaires ;
&, ſelon la complexion à laquelle ils ſont plus enclins,
auares ou prodigues, tels qu'ils ſont, ils font du

VARIANTES

31. « tu ne m'en faces glorieus ».
39. « de luy faire perdre ».
41. « Il y a trois ſortes de tirans, ie parle des meſchans princes : les vns ».
42. « l'election ».
46. « Ceux qui naiſſent rois ».
48. « dans le ſang ».
51. « en laquelle ils ſont plus enclins ».

royaume comme de leur heritage. Celui à qui le
peuple a donné l'eſtat deuroit eſtre, ce me ſemble,
plus ſupportable, & le feroit, comme ie croy, n'eſtoit
que deſlors qu'il ſe voit eſleué par deſſus les autres,
flatté par ie ne ſçay quoy qu'on appelle la grandeur, 5
il delibere de n'en bouger point : communement celui
là fait eſtat de rendre à ſes enfans la puiſſance que le
peuple lui a baillé ; & deſlors que ceus là ont pris ceſte
opinion, c'eſt choſe eſtrange de combien ils paſſent,
en toutes ſortes de vices & meſmes en la cruauté, les 10
autres tirans, ne voians autre moien pour aſſeurer la
nouuelle tirannie que d'eſtreindre ſi fort la ſeruitude
& eſtranger tant leurs ſubiects de la liberté, qu'ancore
que la memoire en ſoit freſche, ils la leur puiſſent faire
perdre. Ainſi, pour en dire la verité, ie voi bien qu'il 15
y a entr'eus quelque difference, mais de chois, ie n'i
en vois point ; & eſtant les moiens de venir aus regnes
diuers, touſiours la façon de regner eſt quaſi ſem-
blable : les eſleus, comme s'ils auoient pris des toreaus
à domter, ainſi les traictent ils ; les conquerans en 20
font comme de leur proie ; les ſucceſſeurs penſent
d'en faire ainſi que de leurs naturels eſclaues.

Mais à propos, ſi d'auanture il naiſſoit auiourd'huy
quelques gens tous neufs, ni accouſtumes à la ſubiec-

VARIANTES

4. « eſleué par deſſus les autres
en ce lieu ».
6. « communement celui là fait
eſtat de la puiſſance que le peuple
luy a baillee, de la rendre à ſes enfans ».
8. « or, deſlors ».
11. « ils ne voyent ».

12. « que d'eſtendre fort la ſeruitude, & eſtranger tant les ſuiets de
la liberté, encore que la memoire
en ſoit ».
17. « n'en vois point ».
20. « les traiſtent ainſi ».
21. « les conquerans penſent en
auoir droit, comme de leur proye ;

25 tion, ni affriandes à la liberté, & qu'ils ne fçeuſſent
que c'eſt ni de l'vn ni de l'autre, ni à grand' peine
des noms; ſi on leur preſentoit ou d'eſtre ſerfs, ou
viure francs, ſelon les loix deſquelles ils ne ſ'accor-
deroient : il ne faut pas faire doute qu'ils n'aimaſſent
30 trop mieulx obeïr à la raiſon ſeulement que feruir à
vn homme; ſinon poſſible que ce fuſſent ceux d'Iſraël,
qui, ſans contrainte ni aucun beſoin, ſe firent vn
tiran : duquel peuple ie ne lis iamais l'hiſtoire que ie
n'en aye trop grand deſpit, & quaſi iuſques à en
35 deuenir inhumain pour me reſiouïr de tant de maus
qui lui en aduindrent. Mais certes tous les hommes,
tant qu'ils ont quelque choſe d'homme, deuant qu'ils
ſe laiſſent aſſuietir, il faut l'vn des deus, qu'ils ſoient
contrains ou deceus : contrains par les armes eſtran-
40 geres, comme Sparthe ou Athenes par les forces
d'Alexandre, ou par les factions, ainſi que la ſeigneurie
d'Athenes eſtoit deuant venue entre les mains de
Piſiſtrat. Par tromperie perdent ils ſouuent la liberté,
&, en ce, ils ne ſont pas ſi ſouuent ſeduits par autrui
45 comme ils ſont trompes par eus meſmes : ainſi le
peuple de Siracuſe, la maiſtreſſe ville de Sicile (on me
dit qu'elle ſ'appelle auiourd'hui Sarragouſſe), eſtant
preſſé par les guerres, inconſiderement ne mettant

VARIANTES

les ſucceſſeurs, d'en faire ainſi que de leurs naturels eſclaues ».
24. « non accouſtumes ».
27. « ou d'eſtre ſuiects, ou viure en liberté, à quoy ſ'accorderoyent ils ? »
29. « pas faire difficulté ».
30. « ſeulement à la raiſon ».
32. « ny ſans aucun beſoin ».
34. « quaſi iuſques à deuenir inhumain ».
36. « qui leur en aduindrent ».
38. « ou qu'ils ſoient ».
40. « Sparthe & Athenes ».
46. « de Sicile, qui ſ'appelle auiourd'huy Saragoſſe ».

ordre qu'au danger prefent, efleua Denis, le premier
tiran, & lui donna la charge de la conduite de l'armee,
& ne fe donna garde qu'il l'eut fait fi grand que cefte
bonne piece là, reuenant victorieus, comme s'il n'euft
pas vaincu fes ennemis mais fes citoiens, fe feit de
cappitaine roy, & de roy tiran. Il n'eft pas croiable
comme le peuple, deflors qu'il eft affuietti, tombe fi
foudain en vn tel & fi profond oubly de la franchife,
qu'il n'eft pas poffible qu'il fe refueille pour la rauoir,
feruant fi franchement & tant volontiers qu'on diroit,
à le voir, qu'il a non pas perdu fa liberté, mais gaigné
fa feruitude. Il eft vrai qu'au commencement on fert
contraint & vaincu par la force; mais ceus qui viennent apres feruent fans regret & font volontiers ce
que leurs deuanciers auoient fait par contrainte. C'eft
cela, que les hommes naiffans foubs le ioug, & puis
nourris & efleues dans le feruage, fans regarder plus
auant, fe contentent de viure comme ils font nes, &
ne penfans point auoir autre bien ni autre droict que
ce qu'ils ont trouué, ils prennent pour leur naturel
l'eftat de leur naiffance. Et toutesfois il n'eft point
d'heritier fi prodigue & nonchalant que quelque fois
ne paffe les yeulx fur les regiftres de fon pere, pour
voir s'il iouïft de tous les droicts de fa fucceffion, ou
fi l'on a rien entrepris fur lui ou fon predeceffeur.

VARIANTES

1. « qu'au danger efleua Denis le premier, & lui donna ».
3. « qu'elle l'eut fait fi grand ».
7. « tombe foudain ».
9 « qu'il s'efueille ».
11. « non pas perdu fa liberté, mais fa feruitude ».

13. « mais ceux qui viennent apres, n'ayans iamais veu la liberté & ne fachans que c'eft, feruent fans regret ».
16. « naiffent foubs le ioug ».
18. « fe contentant de viure ».
19. « d'autre droit ny autre bien ».

Mais certes la couftume, qui a en toutes chofes grand pouuoir fur nous, n'a en aucun endroit fi grand' vertu qu'en cecy, de nous enfeigner à feruir &, comme l'on dit de Mitridat qui fe fit ordinaire à boire le poifon,
30 pour nous apprendre à aualer & ne trouuer point amer le venin de la feruitude. L'on ne peut pas nier que la nature n'ait en nous bonne part, pour nous tirer là où elle veut & nous faire dire bien ou mal nez; mais fi faut il confeffer qu'elle a en nous moins
35 de pouuoir que la couftume : pource que le naturel, pour bon qu'il foit, fe perd f'il n'eft entretenu; & la nourriture nous fait toufiours de fa façon, comment que ce foit, maugré la nature. Les femences de bien que la nature met en nous font fi menues & gliffantes
40 qu'elles ne peuuent endurer le moindre heurt de la nourriture contraire; elles ne f'entretiennent pas fi aifement comme elles f'abatardiffent, fe fondent & viennent à rien : ne plus ne moins que les arbres fruictiers, qui ont bien tous quelque naturel à part,
45 lequel ils gardent bien fi on les laiffe venir, mais ils le laiffent auffi toft pour porter d'autres fruicts eftrangiers & non les leurs, felon qu'on les ente. Les herbes ont chacune leur proprieté, leur naturel & fingularité; mais toutesfois le gel, le temps, le terroir ou la main
50 du iardinier y adiouftent ou diminuent beaucoup de

VARIANTES

20. « leur nature ».
22 « qui ».
23. « dans fes regiftres pour entendre f'il iouift ».
29. « que Mitridat ».
30. « pas amer ».
33. « ou bien ou mal nez ».
40. « qu'elles n'endurent pas ».
41. « elles ne f'entretiennent pas plus aifement, qu'elles f'abaftardiffent, fe fondent & viennent en rien ».
43. « que les fruictiers ».
46. « pour ports d'autres fruicts ».
50. « ou adiouftent ».

leur vertu : la plante qu'on a veu en vn endroit, on
eſt ailleurs empeſché de la reconnoiſtre. Qui verroit
les Venitiens, vne poignee de gens viuans ſi libre-
ment, que le plus meſchant d'entr'eulx ne voudroit
pas eſtre le roy de tous, ainſi nes & nourris qu'ils
ne reconnoiſſent point d'autre ambition ſinon à qui
mieulx aduiſera & plus ſoigneuſement prendra garde
à entretenir la liberté, ainſi appris & faits des le
berceau qu'ils ne prendroient point tout le reſte des
felicites de la terre pour perdre le moindre point de
leur franchiſe; qui aura veu, dis-ie, ces perſonnages
là, & au partir de là ſ'en ira aus terres de celui que
nous appellons Grand Seigneur, voiant là les gens
qui ne veulent eſtre nez que pour le ſeruir, & qui
pour maintenir ſa puiſſance abandonnent leur vie,
penſeroit il que ceus là & les autres euſſent vn meſme
naturel, ou pluſtoſt ſ'il n'eſtimeroit pas que, ſortant
d'vne cité d'hommes, il eſtoit entré dans vn parc de
beſtes? Licurge, le policeur de Sparte, auoit nourri,
ce dit on, deux chiens, tous deux freres, tous deux
allaites de meſme laict, l'vn engraiſſé en la cuiſine,
l'autre accouſtumé par les champs au ſon de la trompe
& du huchet, voulant monſtrer au peuple lacedemo-

VARIANTES

5. « pas eſtre Roy & tout ainſi ».
6. « connoiſſent ».
7. « à qui mieux aduiſera à ſoigneuſement entretenir leur liberté ».
8. « dans le berceau, ils ne prendroient point ».
13. « le Grand Seigneur ».
14. « des gens qui ne peuuent eſtre nez que pour le ſeruir & qui pour le maintenir abandonnent leur vie; penſeroit il que les autres & ceux là euſſent meſme naturel ».
18. « il eſt entré ».
19. « ayant nourry ».
21. « à la cuiſine ».
24. « leur nourriture ».
27. « ce dit il ».
30. « euſt eu plus cher ».

nien que les hommes sont tels que la nourriture les
fait, mit les deus chiens en plain marché, & entr'eus
vne soupe & vn lieure : l'vn courut au plat & l'autre
au lieure. Toutesfois, dit-il, si sont ils freres. Donc
ques celui là, auec ses loix & sa police, nourrit & feit
si bien les Lacedemoniens, que chacun d'eux eut plus
cher de mourir de mille morts que de reconnoistre
autre seigneur que la loy & la raison.

Ie prens plaisir de ramenteuoir vn propos que tindrent iadis vn des fauoris de Xerxes, le grand roy des
Persans, & deux Lacedemoniens. Quand Xerxe faisoit
les appareils de sa grande armee pour conquerir la
Grece, il enuoia ses ambassadeurs par les cites gregeoises demander de l'eau & de la terre : c'estoit la
façon que les Persans auoient de sommer les villes
de se rendre à eus. A Athenes ni à Sparte n'enuoia
il point, pource que ceus que Daire, son pere, y auoit
enuoié, les Atheniens & les Spartains en auoient
ietté les vns dedans les fosses, les autres dans les
puits, leur disants qu'ils prinsent hardiment de là de
l'eaue & de la terre pour porter à leur prince : ces
gens ne pouuoient soufrir que, de la moindre parole
seulement, on touchast à leur liberté. Pour en auoir

VARIANTES

31. « la Loy & le Roy ».
33. « iadis les fauoris ».
34. « de Perse, touchant les Spartiates ».
35. « ses appareils de grande armee ».
38. « les Perses ».
39. « de sommer les villes. A Sparthe ny à Athenes ».

40. « de ceux que Daire y auoit enuoié pour faire pareille demande ».
41. « les Spartiates & les Atheniens ».
42. « dans les fosses, les autres ils auoyent fait sauter dedans vn puits ».
43. « qu'ils prissent là hardiment de l'eau & de la terre ».

ainſi vſé, les Spartains congneurent qu'ils auoient encouru la haine des dieus, meſme de Talthybie, le dieu des herauds : ils ſ'aduiſerent d'enuoyer à Xerxe, pour les appaiſer, deus de leurs citoyens, pour ſe preſenter à lui, qu'il feit d'eulx à ſa guiſe, & ſe paiat de là pour les ambaſſadeurs qu'ils auoient tué à ſon pere. Deux Spartains, l'vn nommé Sperte & l'autre Bulis, ſ'offrirent de leur gré pour aller faire ce paiement. De fait ils y allerent, & en chemin ils arriuerent au palais d'vn Perſan qu'on nommoit Indarne, qui eſtoit lieutenant du roy en toutes les villes d'Aſie qui ſont ſur les coſtes de la mer. Il les recueillit fort honnorablement & leur fit grand chere &, apres pluſieurs propos tombans de l'vn en l'autre, il leur demanda pourquoy ils refuſoient tant l'amitié du roy. Voies, dit il, Spartains, & connoiſſes par moy comment le roy ſçait honorer ceulx qui le valent, & penſes que ſi vous eſtiez à lui, il vous feroit de meſme : ſi vous eſties à lui & qu'il vous euſt connu, il n'i a celui d'entre vous qui ne fut ſeigneur d'vne ville de Grece. — En cecy, Indarne, tu ne nous ſçaurois donner bon conſeil, dirent les Lacedemoniens, pource que le bien que tu nous promets, tu l'as eſſaié, mais celui dont nous iouiſſons, tu ne ſçais que c'eſt : tu as

VARIANTES

1. « les Spartiates ».
2. « la haine des dieux meſmes, ſpecialement de Thaltibie, dieu des herauts ».
7. « Deux Spartiates, l'vn nommé Specte ».
9. « faire ce paiement. Ils y allerent ».
10. « d'vn Perſe qu'on appeloit Gidarne ».
12. « ſur la coſte ».
13. « fort honnorablement, & apres pluſieurs propos ».
16. « Croyez, dit il, Spartiates ».
21. « Gidarne ».
27. « Or, ſi tu en auois taſté

esprouué la faueur du roy ; mais de la liberté, quel goust elle a, combien elle est douce, tu n'en sçais rien. Or, si tu en auois tasté, toymesme nous conseillerois de la defendre, non pas auec la lance & l'escu, mais auec les dens & les ongles. Le seul Spartain disoit ce qu'il falloit dire, mais certes & l'vn & l'autre parloit comme il auoit esté nourry ; car il ne se pouuoit faire que le Persan eut regret à la liberté, ne l'aiant iamais eue, ni que le Lacedemonien endurast la suietion, aiant gousté de la franchise.

Caton l'Vtiquain, estant ancore enfant & sous la verge, alloit & venoit souuent ches Sylla le dictateur, tant pource qu'à raison du lieu & maison dont il estoit, on ne lui refusoit iamais la porte, qu'aussi ils estoient proches parens. Il auoit tousiours son maistre quand il y alloit, comme ont accoustumé les enfans de bonne maison. Il s'apperceut que, dans l'hostel de Sylla, en sa presence ou par son commandement, on emprisonnoit les vns, on condamnoit les autres ; l'vn estoit banni, l'autre estranglé ; l'vn demandoit la confiscation d'vn citoien, l'autre la teste : en somme, tout y alloit non comme ches vn officier de ville, mais comme ches vn tiran de peuple, & c'estoit non pas vn parquet de iustice, mais vn ouuroir de tirannie. Si dit lors à son

VARIANTES

toy mesme, tu nous conseillerois ».
29. « Le seul Spartiate ».
30. « mais certes l'vn & l'autre disoient, comme ils auoient esté nourris ».
32. « le Perse ».
34. « gousté la franchise ».
35. « l'Vtican ».
38. « on ne luy fermoit iamais les portes ».
40. « comme auoyent accoustumé les enfans de bonne part ».
44. « le confisque ».
46. « de la ville ».
47. « du peuple ».
48. « vne tauerne de tirannie ».

maiftre ce ieune gars : Que ne me donnes vous vn
poignard ? Ie le cacherai fous ma robe : ie entre
fouuent dans la chambre de Sylla auant qu'il foit
leué, i'ay le bras affes fort pour en defpefcher la ville.
Voilà certes vne parolle vraiement appartenante à
Caton : c'eftoit vn commencement de ce perfonnage,
digne de fa mort. Et neantmoins qu'on ne die ni fon
nom ni fon pais, qu'on conte feulement le fait tel
qu'il eft, la chofe mefme parlera & iugera l'on, à belle
auenture, qu'il eftoit Romain & né dedans Romme,
& lors qu'elle eftoit libre. A quel propos tout ceci ?
Non pas certes que i'eftime que le pais ni le terroir
y facent rien, car en toutes contrees, en tout air, eft
amere la fuietion & plaifant d'eftre libre ; mais par ce
que ie fuis d'aduis qu'on ait pitié de ceux qui, en
naiffant, fe font trouues le ioug au col, ou bien que
on les excufe, ou bien qu'on leur pardonne, fi, n'aians
veu feulement l'ombre de la liberté & n'en eftant point
auertis, ils ne f'apperçoiuent point du mal que ce leur
eft d'eftre efclaues. S'il y auoit quelque païs, comme
dit Homere des Cimmeriens, où le foleil fe monftre
autrement qu'à nous, & apres leur auoir efclairé fix
mois continuels, il les laiffe fommeillans dans l'obf-
curité fans les venir reuoir de l'autre demie annee,
ceux qui naiftroient pendant cefte longue nuit, f'ils

VARIANTES

1. « ce noble enfant dit à fon maiftre »
5. « Voyla vrayement vne parole appartenante à Caton ».
10. « dedans Rome, mais dans la vraye Rome, & lorfqu'elle eftoit libre ».
13. « y parfacent rien ».
14. « eft contraire la fuietion ».
18. « n'ayans iamais veu ».
20. « S'il y a ».
24. « fans les venir receuoir ».
26. « f'ils n'auoient oui parler ».
30. « finon apres le plaifir, &

n'auoient pas oui parler de la clarté, s'esbaïroit on
si, n'aians point veu de iours, ils s'accouſtumoient
aus tenebres où ils ſont nez, ſans deſirer la lumiere ?
On ne plaint iamais ce que l'on n'a iamais eu, & le
30 regret ne vient point ſinon qu'apres le plaiſir, & touſiours eſt, auec la congnoiſſance du mal, la ſouuenance
de la ioie paſſee. La nature de l'homme eſt bien d'eſtre
franc & de le vouloir eſtre, mais auſſi ſa nature eſt telle
que naturellement il tient le pli que la nourriture lui
35 donne.

Diſons donc ainſi, qu'à l'homme toutes choſes lui
ſont comme naturelles, à quoy il ſe nourrit & accouſ-
tume ; mais cela ſeulement lui eſt naïf, à quoi ſa nature
ſimple & non alteree l'appelle : ainſi la premiere
40 raiſon de la ſeruitude volontaire, c'eſt la couſtume :
comme des plus braues courtaus, qui au commencement mordent le frein & puis s'en iouent, & là où n'a
gueres ruoient contre la ſelle, ils ſe parent maintenant
dans les harnois & tous fiers ſe gorgiaſent ſoubs la
45 barde. Ils diſent qu'ils ont eſté touſiours ſubiects, que
leurs peres ont ainſi veſcu ; ils penſent qu'ils ſont
tenus d'endurer le mal & ſe font acroire par exemples,
& fondent eus meſmes ſoubs la longueur du tems la
poſſeſſion de ceux qui les tirannisent ; mais, pour vrai,
50 les ans ne donnent iamais droit de mal faire, ains

VARIANTES

touſiours eſt auec la cognoiſſance du bien, le ſouuenir de la ioie paſſee ».
32. « Le naturel ».
37. « lui ſont naturelles ».
38. « mais ſeulement ce luy ».
42. « & puis apres ».

43. « ils ruoient ».
43. « ils ſe portent maintenant ».
47. « d'endurer le mors & ſe le font acroire par exemples ; & fondent eus meſmes ſur la longueur la poſſeſſion de ceux qui les tyrannisent ».

agrandiffent l'iniure. Toufiours ſ'en trouue il quelques
vns, mieulx nes que les autres, qui fentent le pois
du ioug & ne ſe peuuent tenir de le fecouer; qui ne
ſ'appriuoifent iamais de la fubietion, & qui toufiours,
comme Vliffe, qui par mer & par terre cherchoit
toufiours de voir de la fumee de ſa cafe, ne fe peuuent
tenir d'auifer à leurs naturels priuileges & de fe fouuenir de leurs predeceffeurs & de leur premier eftre;
ce font volontiers ceus là qui, aians l'entendement net
& l'efprit clairuoiant, ne fe contentent pas, comme
le gros populas, de regarder ce qui eft deuant leurs
pieds ſ'ils n'aduifent & derriere & deuant & ne reme-
morent ancore les chofes paffees pour iuger de celles
du temps aduenir & pour mefurer les prefentes; ce
font ceus qui, aians la tefte d'eus mefmes bien faite,
l'ont ancore polie par l'eftude & le fçauoir. Ceus là,
quand la liberté feroit entierement perdue & toute
hors du monde, l'imaginent & la fentent en leur
efprit, & ancore la fauourent, & la feruitude ne leur
eft de gouft, pour tant bien qu'on l'accouftre.

    Le grand Turc ſ'eft bien auifé de cela, que les liures
& la doctrine donnent, plus que toute autre chofe,
aus hommes le fens & l'entendement de fe reconnoiftre & d'haïr la tirannie; i'entens qu'il n'a en fes

VARIANTES

1. « Toufiours en demeure il ».
3. « & ne peuuent tenir de le crouller ».
5. « cerchoit de voir la fumee de ſa cafe ».
6. « ne fe fçauent garder d'aduifer ».
8. « des predeceffeurs ».

12. « & ne rameinent ancore ».
18. « l'imaginant & la fentant en leur efprit, & ancores la fauourant, la feruitude ne leur eft iamais de gouft pour ſi bien qu'on l'accouftre ».
23. « le fens de fe reconnoiftre ».

25 terres gueres de gens sçauans ni n'en demande. Or,
communement, le bon zele & affection de ceux qui
ont gardé maugré le temps la deuotion à la franchise,
pour si grand nombre qu'il y en ait, demeure sans
effect pour ne s'entrecongnoistre point : la liberté leur
30 est toute ostee, sous le tiran, de faire, de parler &
quasi de penser; ils deuiennent tous singuliers en
leurs fantasies. Doncques Mome, le Dieu moqueur,
ne se moqua pas trop quand il trouua cela à redire
en l'homme que Vulcan auoit fait, dequoi il ne lui
35 auoit mis vne petite fenestre au cœur, afin que par là
on peut voir ses pensees. L'on voulsist bien dire que
Brute, Casse & Casque, lors qu'ils entreprindrent la
deliurance de Romme, ou plustost de tout le monde, ne
voulurent pas que Ciceron, ce grand zelateur du bien
40 public s'il en fut iamais, fust de la partie, & estimerent
son cœur trop foible pour vn fait si haut : ils se fioient
bien de sa volonté, mais ils ne s'asseuroient point de
son courage. Et toutesfois, qui voudra discourir les
faits du temps passé & les annales anciennes, il s'en
45 trouuera peu ou point de ceus qui, voians leur païs
mal mené & en mauuaises mains, aient entrepris d'vne
intention bonne, entiere & non feinte, de le deliurer,
qui n'en soient venus à bout, & que la liberté, pour

VARIANTES

25. « gueres de plus sçauans qu'il n'en demande ».
28. « en demeure sans effect ».
30. « de faire & de parler ».
31. « ils demeurent tous singuliers ».
32. « Et pourtant Momus ne se mocqua pas trop ».
36. « L'on a voulu dire ».
37. « & Casse, lors qu'ils firent l'entreprise de la deliurance ».
39. « ne voulurent point que Ciceron ».
46. « ayant entrepris d'vne bonne intention de le deliurer, qu'ils n'en soient venus à bout ».

se faire paroistre, ne se soit elle mesme fait espaule. Harmode, Aristogiton, Thrasybule, Brute le vieus, Valere & Dion, comme ils l'ont vertueusement pensé, l'executerent heureusement : en tel cas, quasi iamais à bon vouloir ne defaut la fortune. Brute le ieune & Casse osterent bien heureusement la seruitude, mais en ramenant la liberté ils moururent : non pas miserablement (car quel blasphesme seroit ce de dire qu'il y ait eu rien de miserable en ces gens là, ni en leur mort ni en leur vie?), mais certes au grand dommage, perpetuel malheur & entiere ruine de la republicque, laquelle fut, comme il semble, enterree auec eus. Les autres entreprises qui ont esté faites depuis contre les empereurs romains n'estoient que coniurations de gens ambitieus, lesquels ne sont pas à plaindre des inconueniens qui leur en sont aduenus, estant bel à voir qu'ils desiroient, non pas oster, mais remuer la couronne, pretendans chasser le tiran & retenir la tirannie. A ceux cy ie ne voudrois pas moymesme qu'il leur en fut bien succedé, & suis content qu'ils aient monstré, par leur exemple, qu'il ne faut pas abuser du saint nom de liberté pour faire mauuaise entreprise.

Mais pour reuenir à notre propos, duquel ie m'estois

VARIANTES

1. « apparoistre ».
3. « comme ils ont ».
8. « quel blasme seroit-ce ».
9. « rien eu de miserable ».
12. « laquelle certes fut, comme il me semble ».
13. « contre les autres empereurs ».
14. « que des coniurations ».
16. « qui leur sont ».
17. « non pas d'oster, mais de ruiner la couronne ».
19. « A ceux là ie ne voudroy pas mesme ».
22. « abuser du saint nom de la liberté ».

quasi perdu, la premiere raison pourquoy les hommes seruent volontiers est pource qu'ils naissent serfs & sont nourris tels. De ceste cy en vient vn'autre, qu'aisement les gens deuiennent, soubs les tirans, lasches & effemines : dont ie sçay merueilleusement bon gré à Hyppocras, le grand pere de la medecine, qui s'en est pris garde, & l'a ainsi dit en l'vn de ses liures qu'il institue Des maladies. Ce personnage auoit certes en tout le cœur en bon lieu, & le monstra bien lors que le Grand Roy le voulut attirer pres de lui à force d'offres & grands presens, il luy respondit franchement qu'il feroit grand conscience de se mesler de guerir les Barbares qui vouloient tuer les Grecs, & de bien seruir par son art à lui qui entreprenoit d'asseruir la Grece. La lettre qu'il lui enuoia se void ancore auiourd'hui parmi ses autres œuures, & tesmoignera pour iamais de son bon cœur & de sa noble nature. Or, est il doncques certein qu'auec la liberté se perd tout en vn coup la vaillance. Les gens subiects n'ont point d'allegresse au combat ni d'aspreté : ils vont au danger quasi comme attaches & tous engourdis, par maniere d'acquit, & ne sentent point bouillir dans leur cœur l'ardeur de la franchise qui fait mespriser le peril & donne enuie d'achapter,

VARIANTES

24. « à mon propos, lequel i'auois quasi perdu ».
26. « est ce qu'ils naissent serfs ».
30. « Hippocrates ».
32. « qu'il intitule ».
33. « auoit certes le cœur ».
34. « bien alors ».
35. « & luy respondit ».
38. « & de rien seruir ».
42. « Or, il est donc certain qu'auec la liberté tout à vn coup se perd la vaillance ».
45. « au danger comme attaches ».
46. « & par maniere d'acquit ».
47. « dans le cœur ».

par vne belle mort entre fes compagnons, l'honneur
& la gloire. Entre les gens libres, c'eft à l'enui à qui
mieulx mieux, chacun pour le bien commun, chacun
pour foi, ils f'attendent d'auoir tous leur part au mal
de la defaite ou au bien de la victoire ; mais les gens
afferuis, outre ce courage guerrier, ils perdent auffi en
toutes autres chofes la viuacité, & ont le cœur bas &
mol & incapable de toutes chofes grandes. Les tirans
connoiffent bien cela, &, voians qu'ils prennent ce
pli, pour les faire mieulx auachir, ancore ils aident ils.

Xenophon, hiftorien graue & du premier rang entre
les Grecs, a fait vn liure auquel il fait parler Simonide
avec Hieron, tiran de Syracufe, des miferes du tiran.
Ce liure eft plein de bonnes & graues remonftrances,
& qui ont auffi bonne grace, à mon aduis, qu'il eft
poffible. Que pleuft à Dieu que les tirans qui ont
iamais efté l'euffent mis deuant les yeux & f'en fuffent
feruis de miroir! Ie ne puis pas croire qu'ils n'euffent
reconnu leurs verrues & eu quelque honte de leurs
taches. En ce traité il conte la peine en quoy font
les tirans, qui font contrains, faifans mal à tous, fe
craindre de tous. Entre autres chofes, il dit cela, que
les mauuais rois fe feruent d'eftrangers à la guerre
& les fouldoient, ne f'ofans fier de mettre à leurs
gens, à qui ils ont fait tort, les armes en main. (Il y
a bien eu de bons rois qui ont eu à leur foulde des

VARIANTES

1. « l'honneur de la gloire ».
4. « là où ils f'attendent d'auoir toute leur part ».
5. « les gens affuiettis ».
6. « ils perdent ;encore ».
8. « & font incapables ».
10. « encore leur y aident ils ».
12. « vn liuret ».
13. « le Roy de Syracufe ».
16. « que tous les tirans ».

nations estrangeres, comme des François mesmes, & plus ancore d'autrefois qu'auiourd'huy, mais à vne autre intention, pour garder les leurs, n'estimant rien le dommage de l'argent pour espargner les hommes. C'est ce que disoit Scipion, ce croi ie, le grand Afriquain, qu'il aimeroit mieux auoir sauué vn citoien que defait cent ennemis.) Mais, certes, cela est bien asseuré, que le tiran ne pense iamais que sa puissance lui soit asseuree, sinon quand il est venu à ce point qu'il n'a sous lui homme qui vaille : donques à bon droit lui dira on cela, que Thrason en Terence se vante auoir reproché au maistre des elephans :

> *Pour cela si braue vous estes*
> *Que vous aues charge des bestes.*

Mais ceste ruse de tirans d'abestir leurs subiects ne se peut pas congnoistre plus clairement que par ce que Cyrus fit enuers les Lydiens, apres qu'il se fut emparé de Sardis, la maistresse ville de Lydie, & qu'il eust pris à merci Cresus, ce tant riche roy, & l'eut amené quand & soy : on lui apporta nouuelles que les Sardains s'estoient reuoltes ; il les eut bien tost reduit sous sa main ; mais, ne voulant pas ni mettre à sac vne tant belle ville, ni estre tousiours en peine d'y tenir vne armee pour la garder, il s'aduisa d'vn grand expedient pour s'en asseurer : il y establit des bor-

VARIANTES

25. « les armes en la main. Il y a eu ».
30. « rien de dommage ».
32. « la vie à vn citoyen ».
41. « des tyrans ».
44. « aux Lydiens ».
45. « Sardes ».
46. « & l'eust amené captif ».
47. « les nouuelles ».
49. « pas mettre ».

deaus, des tauernes & ieux publics, & feit publier
vne ordonnance que les habitans euffent à en faire
eftat. Il fe trouua fi bien de cefte garnifon que iamais
depuis contre les Lydiens ne fallut tirer vn coup
d'efpee. Ces pauures & miferables gens f'amuferent
à inuenter toutes fortes de ieus, fi bien que les Latins
en ont tiré leur mot, & ce que nous appellons *paſſetemps*, ils l'appellent Lvdi, comme f'ils vouloient
dire Lydi. Tous les tirans n'ont pas ainfi declaré
expres qu'ils voulfiffent effeminer leurs gens; mais,
pour vrai, ce que celui ordonna formelement & en
effect, fous main ils l'ont pourchaffé la plus part. A
la verité, c'eft le naturel du menu populaire, duquel
le nombre eft toufiours plus grand dedans les villes,
qu'il eft foubçonneus à l'endroit de celui qui l'aime,
& fimple enuers celui qui le trompe. Ne penfes pas
qu'il y ait nul oifeau qui fe prenne mieulx à la
pipee, ni poiffon aucun qui, pour la friandife du ver,
f'accroche plus toft dans le haim que tous les peuples
f'alefchent viftement à la feruitude, par la moindre
plume qu'on leur paffe, comme l'on dit, deuant la
bouche; & c'eft chofe merueilleufe qu'ils fe laiffent
aller ainfi toft, mais feulement qu'on les chatouille.
Les theatres, les ieus, les farces, les fpectacles, les
gladiateurs, les beftes eftranges, les medailles, les

VARIANTES

2. « cefte ordonnance ».
3. « qu'il ne lui fallut iamais depuis tirer vn coup d'epee contre les Lydiens ».
5. « Ces pauures gens miferables ».
6. « les Latins ont ».
8. « Ludi, comme f'ils vouloient dire Lydi ».
10. « fi expres ».
10. « leurs hommes ».
11. « celui là ».
14. « dans les villes. Il eft foufpeçonneux ».

tableaus & autres telles drogueries, c'eſtoient aus peuples anciens les apaſts de la ſeruitude, le pris de leur liberté, les outils de la tirannie. Ce moien, ceſte pratique, ces allechemens auoient les anciens tirans,
30 pour endormir leurs ſubiects ſous le ioug. Ainſi les peuples, aſſotis, trouuans beaus ces paſſetemps, amuſes d'vn vain plaiſir, qui leur paſſoit deuant les yeulx, ſ'accouſtumoient à ſeruir auſſi niaiſement, mais plus mal, que les petits enfans qui, pour voir les
35 luiſans images des liures enlumines, aprenent à lire. Les rommains tirans ſ'aduiſerent ancore d'vn autre point : de feſtoier ſouuent les dizaines publiques, abuſant ceſte canaille comme il falloit, qui ſe laiſſe aller, plus qu'à toute autre choſe, au plaiſir de la
40 bouche : le plus auiſé & entendu d'entr'eus n'euſt pas quitté ſon eſculee de ſoupe pour recouurer la liberté de la republique de Platon. Les tirans faiſoient largeſſe d'vn quart de blé, d'vn ſeſtier de vin & d'vn ſeſterce ; & lors c'eſtoit pitié d'ouïr crier VIVE LE ROI !
45 Les lourdaus ne ſ'auiſoient pas qu'ils ne faiſoient que recouurer vne partie du leur, & que cela meſmes qu'ils recouuroient, le tiran ne le leur euſt peu donner, ſi deuant il ne l'auoit oſté à eus meſmes. Tel euſt amaſſé auiourd'hui le feſterce, & ſe fut gorgé au
50 feſtin public, beniſſant Tibere & Neron & leur belle

VARIANTES

18. « pour la friandiſe ſ'accroche ».
20. « pour la moindre plume ».
26. « eſtoient ».
30. « leurs anciens ſubiects ».
35. « de liures illuminez ».
39. « toute choſe ».
40. « le plus entendu de tous ».
41. « eſcuelle ».
45. « n'aduiſoient point ».
47. « ne leur ».
49. « & tel ſe fuſt gorgé ».
50. « en beniſſant ».
50. « de leur belle liberalité ».

liberalité qui, le lendemain, eſtant contraint d'abandonner ſes biens à leur auarice, ſes enfans à la luxure, ſon ſang meſmes à la cruauté de ces magnifiques empereurs, ne diſoit mot, non plus qu'vne pierre, ne ſe remuoit non plus qu'vne ſouche. Touſiours le populaire a eu cela : il eſt, au plaiſir qu'il ne peut honneſtement receuoir, tout ouuert & diſſolu, &, au tort & à la douleur qu'il ne peut honneſtement ſouffrir, inſenſible. Ie ne vois pas maintenant perſonne qui, oiant parler de Neron, ne tremble meſmes au ſurnom de ce vilain monſtre, de ceſte orde & ſale peſte du monde ; & toutesfois, de celui là, de ce boutefeu, de ce bourreau, de ceſte beſte ſauuage, on peut bien dire qu'apres ſa mort, auſſi vilaine que ſa vie, le noble peuple romain en receut tel deſplaiſir, ſe ſouuenant de ſes ieus & de ſes feſtins, qu'il fut ſur le point d'en porter le dueil ; ainſi l'a eſcrit Corneille Tacite, auteur bon & graue, & des plus certeins. Ce qu'on ne trouuera pas eſtrange, veu que ce peuple là meſmes auoit fait au parauant à la mort de Iules Cæſar, qui donna congé aus lois & à la liberté, auquel perſonnage il n'y eut, ce me ſemble, rien qui vaille, car ſon humanité meſmes, que l'on preſche tant, fut plus dommageable que la cruauté du plus ſauuage tiran qui fuſt onques,

VARIANTES

2. « à l'auarice ».
6. « le populas ».
11. « de ceſte orde & ſale beſte. On peut bien dire »,
16. « & feſtins ».
18. « & graue des plus, & certes croiable ».
19. « ſi l'on conſidere ce que ce peuple là meſmes auoit fait à la mort de Iules Cæſar ».
21. « auquel perſonnage ils n'y ont (ce me ſemble) trouué rien qui vaille que ſon humanité, laquelle quoiqu'on la preſchat tant, fut plus dommageable que la plus grande cruauté du plus ſauuage Tiran qui fuſt oncques ».

pource qu'à la verité ce fut ceste sienne venimeuse
douceur qui, enuers le peuple romain, sucra la seruitude ; mais, apres sa mort, ce peuple là, qui auoit
ancore en la bouche ses bancquets & en l'esprit la
souuenance de ses prodigalites, pour lui faire ses
honneurs & le mettre en cendre, amonceloit à l'enui
les bancs de la place, & puis lui esleua vne colonne,
comme au Pere du peuple (ainsi le portoit le chapi-
teau), & lui fit plus d'honneur, tout mort qu'il estoit,
qu'il n'en debuoit faire par droit à homme du monde,
si ce n'estoit par auenture à ceus qui l'auoient tué. Ils
n'oublierent pas aussi cela, les empereurs romains, de
prendre communement le tiltre de tribun du peuple,
tant pource que cest office estoit tenu pour saint &
sacré qu'aussi il estoit establi pour la defense & protection du peuple, & sous la faueur de l'estat. Par ce
moien, ils s'asseuroient que le peuple se fieroit plus
d'eus, comme s'il deuoit en ouir le nom, & non pas
sentir les effects au contraire. Auiourd'hui ne font pas
beaucoup mieux ceus qui ne font gueres mal aucun,
mesmes de consequence, qu'ils ne facent passer deuant
quelque ioly propos du bien public & soulagement
commun : car tu sçais bien, ô Longa, le formulaire,
duquel en quelques endroits ils pourroient vser assez

VARIANTES

25. « ceste venimeuse ».
28. « à la bouche ».
31. « puis esleua ».
32. « ainsi portoit ».
34. « faire à homme ».
35. « si ce n'estoit possible à ceus qui l'auoient tué ».
41. « ce peuple ».

42. « comme s'ils deuoient encou-
rir le nom & non pas sentir les
effects. Au contraire, auiourd'huy
ne font pas beaucoup mieux ceux
qui ne font mal aucun ».
46. « bien commun & soulagement public ».
47. « car vous sauez bien ».

finement; mais à la plus part, certes, il n'y peut auoir de fineſſe là où il y a tant d'impudence. Les rois d'Aſſyrie, & ancore apres eus ceus de Mede, ne ſe preſentoient en public que le plus tard qu'ils pou- uoient, pour mettre en doute ce populas ſils eſtoient en quelque choſe plus qu'hommes, & laiſſer en ceſte reſuerie les gens qui font volontiers les imaginatifs aus choſes deſquelles ils ne peuuent iuger de veue. Ainſi tant de nations, qui furent aſſes long temps ſous ceſt empire Aſſyrien, auec ce miſtere ſ'accouſtumoient à ſeruir &' ſeruoient plus volontiers, pour ne ſçauoir pas quel maiſtre ils auoient, ni à grand'peine ſils en auoient, & craignoient tous, à credit, vn que perſonne iamais n'auoit veu. Les premiers rois d'Egipte ne ſe monſtroient gueres, qu'ils ne portaſſent tantoſt vn chat, tantoſt vne branche, tantoſt du feu ſur la teſte, & ſe maſquoient ainſi & faiſoient les baſteleurs; &, en ce faiſant, par l'eſtrangeté de la choſe ils donnoient à leurs ſubiects quelque reuerence & admiration, où, aus gens qui n'euſſent eſté ou trop ſots ou trop aſſeruis, ils n'euſſent appreſté, ce m'eſt aduis, ſinon paſſetems & riſee. C'eſt pitié d'ouïr parler de combien de choſes les tirans du temps paſſé faiſoient leur profit pour fonder leur tirannie; de combien de petits moiens ils ſe ſeruoient, aians de tout tems trouué ce populas fait à leur poſte, auquel il ne ſçauoient ſi mal

VARIANTES

1. « en la plus part ».
2. « auoir aſſez de fineſſe ».
8. « de quoy ils ne peuuent ».
10. « ſ'accouſtumerent ».
11. « pour ne ſçauoir quel ».

13. « perſonne n'auoit ».
15. « qu'ils ne portaſſent tantoſt vne branche ».
25. « ils ſe ſeruoient grandement, ayans trouué ce populas ».

tendre filet qu'ils ne f'y vinfent prendre; lequel ils ont
toufiours trompé à fi bon marché qu'ils ne l'affuiet-
tiffoient iamais tant que lors qu'ils f'en moquoient
30 le plus.

Que dirai ie d'vne autre belle bourde que les
peuples anciens prindrent pour argent content? Ils
creurent fermement que le gros doigt de Pyrrhe, roy
des Epirotes, faifoit miracles & gueriffoit les malades
35 de la rate; ils enrichirent ancore mieus le conte, que
ce doigt, apres qu'on eut bruflé tout le corps mort,
f'eftoit trouué entre les cendres, f'eftant fauué, maugré
le feu. Toufiours ainfi le peuple fot fait lui mefmes les
menfonges, pour puis apres les croire. Prou de gens
40 l'ont ainfi efcrit, mais de façon qu'il eft bel à voir
qu'ils ont amaffé cela des bruits de ville & du vain
parler du populas. Vefpafian, reuenant d'Affyrie &
paffant à Alexandrie pour aller à Romme f'emparer
de l'empire, feit merueilles : il addreffoit les boiteus, il
45 rendoit clair-voians les aueugles, & tout plein d'autres
belles chofes aufquelles qui ne pouuoit voir la faute
qu'il y auoit, il eftoit à mon aduis plus aueugle que
ceus qu'il gueriffoit. Les tirans mefmes trouuoient
bien eftrange que les hommes peuffent endurer vn
50 homme leur faifant mal; ils vouloient fort fe mettre
la religion deuant pour gardecorps, &, f'il eftoit poffible, emprunter quelque efchantillon de la diuinité

VARIANTES

26. « ne fçauoient tendre ».
27. « duquel ils ont eu toufiours fi bon marché de tromper ».
33. « doigt d'vn pied ».
38. « f'eft fait luy mefme ».
43. « par Alexandrie ».
44. « redreffoit les boiteus ».
49. « fort eftrange ».
52. « empruntoient quelque efchantillon de diuinité ».

pour le maintien de leur meſchante vie. Donques
Salmonee, ſi l'on croit à la ſibyle de Virgile en ſon
enfer, pour ſ'eſtre ainſi moqué des gens & auoir voulu
faire du Iuppiter, en rend maintenant conte, & elle
le veit en l'arrier-enfer,   5

> *Souffrant cruels tourmens, pour vouloir imiter*
> *Les tonnerres du ciel, & feus de Iuppiter.*
> *Deſſus quatre courſiers celui alloit, branlant,*
> *Haut monté, dans ſon poing vn grand flambeau brillant.*
> *Par les peuples gregeois & dans le plein marché,*   10
> *De la ville d'Elide haut il auoit marché*
> *Et faiſant ſa brauade ainſi entreprenoit*
> *Sur l'honneur qui, ſans plus, aus dieus appartenoit.*
> *L'inſenſé, qui l'orage & foudre inimitable*
> *Contrefaiſoit d'airain, & d'vn cours effroiable*   15
> *De cheuaus cornepies le Pere tout puiſſant!*
> *Lequel, bien toſt apres, ce grand mal puniſſant,*
> *Lança, non vn flambeau, non pas vne lumiere*
> *D'vne torche de cire, auecques ſa fumiere,*
> *Et de ce rude coup d'vne horrible tempeſte,*   20
> *Il le porta à bas, les pieds par deſſus teſte.*

Si ceſtuy qui ne faiſoit que le ſot eſt à ceſte heure ſi
bien traité là bas, ie croi que ceus qui ont abuſé de
la religion, pour eſtre meſchans, ſ'y trouueront ancore
à meilleures enſeignes.   25

Les noſtres ſemerent en France ie ne ſçai quoi de
tel, des crapaus, des fleurdelis, l'ampoule & l'oriflamb.

VARIANTES

1. « pour le souſtien ».
2. « & ſon enfer ».
4. « où elle le veit ».
9. « flambeau brulant ».
11. Vers omis dans les *Memoires*.
12. *En faiſant ſa brauade, mais il entreprenoit.*
16. « du Pere ».
20. *Mais par le rude coup d'vne horrible tempeſte,*
    Il le porta là bas, les pieds par deſſus teſte.
22. « Si celuy qui ».

Ce que de ma part, comment qu'il en foit, ie ne veus
pas mefcroire, puis que nous ni nos anceftres n'auons
30 eu iufques ici aucune occafion de l'auoir mefcreu,
aians toufiours eu des rois fi bons en la paix & fi
vaillans en la guerre, qu'ancore qu'ils naiffent rois, fi
femble il qu'ils ont efté non pas faits comme les autres
par la nature, mais choifis par le Dieu tout puiffant,
35 auant que naiftre, pour le gouuernement & la confer-
uation de ce roiaume; & ancore, quand cela n'y feroit
pas, fi ne voudrois ie pas pour cela entrer en lice pour
debattre la verité de nos hiftoires, ni les efplucher fi
priuement, pour ne tollir ce bel esbat, où fe pourra
40 fort efcrimer notre poëfie françoife, maintenant non
pas accouftree, mais, comme il femble, faite tout à
neuf par noftre Ronfard, noftre Baïf, noftre du
Bellay, qui en cela auancent bien tant noftre langue,
que i'ofe efperer que bien toft les Grecs ni les Latins
45 n'auront gueres, pour ce regard, deuant nous, finon,
poffible, le droit d'aifneffe. Et certes ie ferois grand
tort à noftre rime, car i'vfe volontiers de ce mot, & il
ne me defplait point pour ce qu'ancore que plufieurs
l'euffent rendu mechanique, toutesfois ie voy affes de
50 gens qui font à mefmes pour la ranoblir & lui rendre
fon premier honneur; mais ie lui ferois, di-ie, grand
tort de lui ofter maintenant ces beaus contes du roi
Clouis, aufquels defià ie voy, ce me femble, combien

VARIANTES

27. « l'Oriffan » (sic).
30. « eu aucune occafion ».
31. « ayans toufiours des rois ».
35. « deuant que naiftre ».
35. « & la garde de ce roiaume ».
37. « pas entrer ».
39. « ce bel eftat ».
46. « poffible que le droit ».
48. « ne me defplait pour ce qu'ancore ».

plaifamment, combien à fon aife f'y efgaiera la veine
de noftre Ronfard, en fa Franciade. J'entens fa portee,
ie connois l'efprit aigu, ie fçay la grace de l'homme :
il fera fes befoignes de l'oriflamb auffi bien que les
Romains de leurs ancilles

& des boucliers du ciel en bas iettes,

ce dit Virgile ; il mefnagera noftre ampoule auffi bien
que les Atheniens le panier d'Ericlone ; il fera parler
de nos armes auffi bien qu'eux de leur oliue qu'ils
maintiennent eftre ancore en la tour de Minerue.
Certes ie ferois outrageus de vouloir dementir nos
liures & de courir ainfi fur les erres de nos poetes.
Mais pour retourner d'où, ie ne fçay comment, i'auois
deftourné le fil de mon propos, il n'a iamais efté
que les tirans, pour f'affeurer, ne fe foient efforces
d'accouftumer le peuple enuers eus, non feulement
à obeiffance & feruitude, mais ancore à deuotion.
Donques ce que i'ay dit iufques icy, qui apprend les
gens à feruir plus volontiers, ne fert guere aus tirans
que pour le menu & groffier peuple.

Mais maintenant ie viens à vn point, lequel eft à
mon aduis le reffort & le fecret de la domination, le
fouftien & fondement de la tirannie. Qui penfe que les
halebardes, les gardes & l'affiette du guet garde les

VARIANTES

8. « leur panier d'Erificthone ».
8. « il fe parlera de nos armes ancore dans la tour de Minerue ».
12. « terres de nos poetes ».
13. « pour reuenir ».
14. « n'a il iamais efté ».

15. « n'ayent toufiours tafché d'accouftumer ».
16. « non pas feulement ».
19. « feruir volontiers ».
21. « ie viens à mon aduis à vn poinct lequel eft le fecret &

tirans, à mon iugement fe trompe fort; & f'en aident
ils, comme ie croy, plus pour la formalité & efpouuan-
tail que pour fiance qu'ils y ayent. Les archers gardent
d'entrer au palais les mal-habilles qui n'ont nul
moyen, non pas les bien armes qui peuuent faire
quelque entreprife. Certes, des empereurs romains il
eft aifé à conter qu'il n'en y a pas eu tant qui aient
efchappé quelque dangier par le fecours de leurs
gardes, comme de ceus qui ont efté tues par leurs
archers mefmes. Ce ne font pas les bandes des gens
à cheual, ce ne font pas les compaignies des gens de
pied, ce ne font pas les armes qui defendent le tiran.
On ne le croira pas du premier coup, mais certes il
eft vray : ce font toufiours quatre ou cinq qui maintiennent le tiran, quatre ou cinq qui lui tiennent tout
le païs en feruage. Toufiours il a efté que cinq ou fix
ont eu l'oreille du tiran, & f'y font approché d'eus
mefmes, ou bien ont efté appeles par lui, pour eftre
les complices de fes cruautes, les compaignons de fes
plaifirs, les macquereaus de fes voluptes, & communs
aus biens de fes pilleries. Ces fix addreffent fi bien
leur chef, qu'il faut, pour la focieté, qu'il foit mef-
chant, non pas feulement de fes mefchancetes, mais
ancore des leurs. Ces fix ont fix cent qui proufitent
fous eus, & font de leurs fix cent ce que les fix font

VARIANTES

le refourd de la domination ».
25. « ils f'en aident ».
28. « dans les palais les mal habiles ».
32. « par le fecours de leurs archers ».
33. « comme de ceus là qui ont efté tuez par leurs gardes ».
37. « Mais on ne le croira pas du premier coup : toutesfois il eft vray ».
40. « tout en feruage ».

au tiran. Ces six cent en tiennent sous eus six mille, qu'ils ont esleué en estat, ausquels ils font donner ou le gouuernement des prouinces, ou le maniement des deniers, afin qu'ils tiennent la main à leur auarice & cruauté & qu'ils l'executent quand il fera temps, & facent tant de maus d'allieurs qu'ils ne puissent durer que soubs leur ombre, ni s'exempter que par leur moien des loix & de la peine. Grande est la suitte qui vient apres cela, & qui voudra s'amuser à deuider ce filet, il verra que, non pas les six mille, mais les cent mille, mais les millions, par ceste corde, se tiennent au tiran, s'aidant d'icelle comme, en Homere, Iuppiter qui se vante, s'il tire la chesne, d'emmener vers soi tous les dieus. De là venoit la creue du Senat sous Iules, l'establissement de nouueaus estats, erection d'offices ; non pas certes, à le bien prendre, reformation de la iustice, mais nouueaus soustiens de la tirannie. En somme que l'on en vient là, par les faueurs ou soufaueurs, les guains ou reguains qu'on a auec les tirans, qu'il se trouue en fin quasi autant de gens ausquels la tirannie semble estre profitable, comme de ceus à qui la liberté seroit aggreable. Tout ainsi que les medecins disent qu'en nostre corps, s'il y a quelque chose de gasté, deslors qu'en autre endroit il s'y bouge rien, il se vient aussi tost rendre vers ceste partie vereuse : pareillement, deslors qu'vn roi s'est

VARIANTES

1. « six cent tiennent ».
2. « ils ont fait ».
6. « tant de mal ».
15. « election d'offices ».
16. « à bien prendre ».
18. « en somme l'on ».
19. « les saueurs, les guains ».
20. « se trouue quasi ».
23. « qu'à nostre corps ».
30. « qui sont taxez ».

declaré tiran, tout le mauuais, toute la lie du roiaume, ie ne dis pas vn tas de larronneaus & efforilles, qui ne peuuent gueres en vne republicque faire mal ne bien, mais ceus qui font tafches d'vne ardente ambition & d'vne notable auarice, s'amaffent autour de lui & le fouftiennent pour auoir part au butin, & eftre, fous le grand tiran, tiranneaus eus mefmes. Ainfi font les grands voleurs & les fameus corfaires : les vns difcourent le païs, les autres cheualent les voiageurs; les vns font en embufche, les autres au guet; les autres maffacrent, les autres defpouillent, & ancore qu'il y ait entr'eus des preeminences, & que les vns ne foient que vallets, les autres chefs de l'affemblee, fi n'en y a il à la fin pas vn qui ne fe fente finon du principal butin, au moins de la recerche. On dit bien que les pirates ciliciens ne s'affemblerent pas feulement en fi grand nombre, qu'il falut enuoier contr'eus Pompee le grand; mais ancore tirerent à leur alliance plufieurs belles villes & grandes cites aus haures defquelles ils fe mettoient en feureté, reuenans des courfes, & pour recompenfe leur bailloient quelque profit du recelement de leur pillage.

Ainfi le tiran afferuit les fubiects les vns par le moien des autres, & eft gardé par ceus defquels, s'ils valoient rien, il fe deuroit garder; &, comme on dit, pour fendre du bois il fait les coings du bois mefme.

VARIANTES

35. « defcouurent le païs ».
36. « les vns maffacrent ».
39. « les chefs ».
40. « fe fente du principal ».
42. « Siciliens ».

46. « en grande feureté ».
48. « de leurs pilleries ».
51. « mais, comme on dit, pour fendre le bois il fe fait des coings du bois mefme ».

Voilà ſes archers, voilà ſes gardes, voilà ſes halebar-
diers ; non pas qu'eus meſmes ne ſouffrent quelque
fois de lui, mais ces perdus & abandonnes de Dieu
& des hommes ſont contens d'endurer du mal pour
en faire, non pas à celui qui leur en faict, mais à ceus
qui endurent comme eus, & qui n'en peuuent mais.
Toutesfois, voians ces gens là, qui nacquetent le tiran
pour faire leurs beſongnes de ſa tirannie & de la
ſeruitude du peuple, il me prend ſouuent esbahiſſe-
ment de leur meſchanceté, & quelque fois pitié de
leur ſottiſe : car, à dire vrai, qu'eſt ce autre choſe de
s'approcher du tiran que ſe tirer plus arriere de ſa
liberté, & par maniere de dire ſerrer à deus mains
& ambraſſer la ſeruitude? Qu'ils mettent vn petit à
part leur ambition & qu'ils ſe deſchargent vn peu de
leur auarice, & puis qu'ils ſe regardent eus meſmes
& qu'ils ſe reconnoiſſent, & ils verront clairement
que les villageois, les païſans, leſquels tant qu'ils
peuuent ils foulent aus pieds, & en font pis que de
forſats ou eſclaues, ils verront, dis ie, que ceus là,
ainſi mal menes, ſont toutesfois, aus pris d'eus, fortu-
nes & aucunement libres. Le laboureur & l'artiſan,
pour tant qu'ils ſoient aſſeruis, en ſont quittes en
faiſant ce qu'on leur dit ; mais le tiran voit les autres
qui ſont pres de lui, coquinans & mendians ſa faueur :
il ne faut pas ſeulement qu'ils facent ce qu'il dit, mais

VARIANTES

2. « il n'eſt pas qu'eus meſmes ».
3. « ces abandonnes de Dieu ».
6. « qui en endurent ».
10. « quelque pitié de leur grande ſottiſe ».

12. « ſinon que de ſe tirer plus arriere de leur liberté ».
15. « leur ambition, qu'ils ».
16. « eus meſmes, qu'ils ».
19. « des forſats ».

qu'ils penfent ce qu'il veut, & fouuent, pour lui fatisfaire, qu'ils preuiennent ancore fes penfees. Ce n'eft pas tout à eus de lui obeïr, il faut ancore lui
30 complaire; il faut qu'ils fe rompent, qu'ils fe tourmentent, qu'ils fe tuent à trauailler en fes affaires, & puis qu'ils fe plaifent de fon plaifir, qu'ils laiffent leur gouft pour le fien, qu'ils forcent leur complexion, qu'ils defpouillent leur naturel; il faut qu'ils fe pren-
35 nent garde à fes parolles, à fa vois, à fes fignes & à fes yeulx; qu'ils n'aient ny œil, ny pied, ny main, que tout ne foit au guet pour efpier fes volontes & pour defcouurir fes penfees. Cela eft ce viure heureufement? cela f'appelle il viure? eft il au monde
40 rien moins fupportable que cela, ie ne dis pas à vn homme de cœur, ie ne dis pas à vn bien né, mais feulement à vn qui ait le fens commun, ou, fans plus, la face d'homme? Quelle condition eft plus miferable que de viure ainfi, qu'on n'aie rien à foy, tenant
45 d'autrui fon aife, fa liberté, fon corps & fa vie?

Mais ils veulent feruir pour auoir des biens: comme f'ils pouuoient rien gaigner qui fuft à eus, puis qu'ils ne peuuent pas dire de foy qu'ils foient à eus mefmes; & comme fi aucun pouuoit auoir rien de propre fous
50 vn tiran, ils veulent faire que les biens foient à eus, & ne fe fouuiennent pas que ce font eus qui lui donnent la force pour ofter tout à tous, & ne laiffer

VARIANTES

34. « qu'ils prennent garde ».
35. « à fes fignes, à fes yeulx ».
36. « ni yeulx, ni pieds, ni mains ».
40. « rien fi infupportable que cela? Ie ne di pas à vn homme bien nay, mais feulement à vn qui ait le fens commun, ou fans plus la face d'vn homme ».
46. « pour gaigner des biens ».
48. « dire d'eux ».

rien qu'on puiffe dire eftre à perfonne. Ils voient que
rien ne rend les hommes fubiets à fa cruauté que les
biens ; qu'il n'y a aucun crime enuers lui digne de
mort que le dequoy ; qu'il n'aime que les richeffes &
ne defait que les riches, & ils fe viennent prefenter, 5
comme deuant le boucher, pour f'y offrir ainfi plains
& refaits & lui en faire enuie. Ces fauoris ne fe
doiuent pas tant fouuenir de ceus qui ont gaigné au
tour des tirans beaucoup de biens, comme de ceus
qui, aians quelque temps amaffé, puis apres y ont 10
perdu & les biens & les vies ; il ne leur doit pas tant
venir en l'efprit combien d'autres y ont gaigné de
richeffes, mais combien peu ceus là les ont gardees.
Qu'on difcoure toutes les anciennes hiftoires, qu'on
regarde celles de noftre fouuenance, & on verra tout 15
à plein combien eft grand le nombre de ceus qui,
aians gaigné par mauuais moiens l'oreille des princes,
aians ou emploié leur mauuaiftié ou abufé de leur
fimpleffe, à la fin par ceus-là mefmes ont efté aneantis,
& autant qu'ils y auoient trouué de facilité pour les 20
eleuer, autant y ont ils congneu puis apres d'inconftance pour les abattre. Certainement en fi grand
nombre de gens qui fe font trouué iamais pres de tant
de mauuais rois, il en a efté peu, ou comme point, qui
n'aient effaié quelque fois en eus mefmes la cruauté 25

VARIANTES

4. « les richeffes, ne desfait ».
5. « qui fe viennent prefenter ».
11. « & la vie ».
12. « pas venir ».
14. « Qu'on defcouure ».
15. « toutes celles de noftre fouuenance ».

20. « & autant qu'ils auoient ».
21. « autant puis apres y ont ils trouué d'inconftance pour les y conferuer ».
22. « Certainement en fi grand nombre de gens, qui ont efté iamais pres des mauuais rois, il en eft peu ».

du tiran qu'ils auoient deuant attifee contre les autres : le plus fouuent s'eftant enrichis, fous ombre de fa faueur, des defpouilles d'autrui, ils l'ont à la fin eus mefmes enrichi de leurs defpouilles.

30 Les gens de bien mefmes, fi quelque fois il s'en trouue quelqu'vn aimé du tiran, tant foient ils auant en fa grace, tant reluife en eus la vertu & integrité, qui voire aus plus mefchans donne quelque reuerence de foi quand on la voit de pres, mais les gens 35 de bien, di-ie, n'y fçauroient durer, & faut qu'ils fe fentent du mal commun, & qu'à leurs defpens ils efprouuent la tirannie. Vn Seneque, vn Burre, vn Thrafee, cefte terne de gens de bien, lefquels mefmes les deus leur male fortune approcha du tiran & leur 40 mit en main le maniement de fes affaires, tous deus eftimes de lui, tous deus cheris, & ancore l'vn l'auoit nourri & auoit pour gages de fon amitié la nourriture de fon enfance ; mais ces trois là font fuffifans tefmoins, par leur cruelle mort, combien il y a peu 45 d'affeurance en la faueur d'vn mauuais maiftre ; &, à la verité, quelle amitié peut on efperer de celui qui a bien le cœur fi dur que d'haïr fon roiaume, qui ne fait que lui obeïr, & lequel, pour ne fe fauoir pas ancore aimer, s'appauurit lui mefme & deftruit fon 50 empire ?

VARIANTES

28. « ils ont eus mefmes enrichi les autres de leur defpouille ».

34. « mais les gens de bien mefmes ne fauroient durer ».

38. « defquels mefme les deux leur mauuaife fortune les approcha d'vn tyran ».

40. « tous deux eftimez de lui & cheris ».

44. « combien il y a peu de fiance en la faueur des mauuais maiftres ».

46. « efperer en celui ».

47. « fi dur de hayr ».

Or, fi on veut dire que ceus là pour auoir bien vefcu font tombes en ces inconueniens, qu'on regarde hardiment autour de celui là mefme, & on verra que ceus qui vindrent en fa grace & s'y maintindrent par mauuais moiens ne furent pas de plus longue duree. Qui a ouï parler d'amour fi abandonnee, d'affection fi opiniaftre ? qui a iamais leu d'homme fi obftinement acharné enuers femme que de celui là enuers Popee ? or fut elle apres empoifonnee par lui mefme. Agrippine fa mere auoit tué fon mari Claude pour lui faire place à l'empire; pour l'obliger, elle n'auoit iamais fait difficulté de rien faire ni de fouffrir : donques fon fils mefme, fon nourriffon, fon empereur fait de fa main, apres l'auoir fouuent faillie, enfin lui ofta la vie; & n'y eut lors perfonne qui ne dit qu'elle auoit trop bien merité cefte punition, fi c'euft efté par les mains de tout autre que de celui à qui elle l'auoit baillee. Qui fut oncques plus aifé à manier, plus fimple, pour le dire mieus, plus vrai niais que Claude l'empereur ? qui fut oncques plus coiffé de femme que lui de Meffaline ? Il la meit en fin entre les mains du bourreau. Là fimpleffe demeure toufiours aus tirans, fils en ont, à ne fçauoir bien faire, mais ie ne fçay comment à la fin, pour vfer de cruauté, mefmes enuers ceus qui leur font pres, fi peu qu'ils ont d'efprit, cela

VARIANTES

4. « & s'y maintindrent par mefchanceté ».
10. « pour lui faire place en l'empire ».
14. « fouuent faillie, lui ofta la vie ».
15. « fort bien ».
16. « fi c'euft efté par les mains de quelque autre que de celui qui la lui auoit baillee ».
19. « pour vrai niaiz ».
25. « fi peu qu'ils aient d'efprit ».

meſme ſ'eſueille. Aſſes commun eſt le beau mot de
ceſt autre là qui, voiant la gorge de ſa femme deſcouuerte, laquelle il aimoit le plus, & ſans laquelle il
ſembloit qu'il n'euſt ſceu viure, il la careſſa de ceſte
30 belle parolle : Ce beau col ſera tantoſt coupé, ſi ie
le commande. Voilà pourquoi la plus part des tirans
anciens eſtoient communement tues par leurs plus
fauoris, qui, aians congneu la nature de la tirannie,
ne ſe pouuoient tant aſſeurer de la volonté du tiran
35 comme ils ſe deffioient de ſa puiſſance. Ainſi fut tué
Domitian par Eſtienne, Commode par vne de ſes
amies meſmes, Antonin par Macrin, & de meſme quaſi
tous les autres.

C'eſt cela que certainement le tiran n'eſt iamais
40 aimé ni n'aime. L'amitié, c'eſt vn nom ſacré, c'eſt vne
choſe ſainte; elle ne ſe met iamais qu'entre gens de
bien, & ne ſe prend que par vne mutuelle eſtime; elle
ſ'entretient non tant par bienfaits que par la bonne
vie. Ce qui rend vn ami aſſeuré de l'autre, c'eſt la
45 connoiſſance qu'il a de ſon integrité : les reſpondens
qu'il en a, c'eſt ſon bon naturel, la foi & la conſtance.
Il n'i peut auoir d'amitié là où eſt la cruauté, là où
eſt la desloiauté, là où eſt l'iniuſtice; & entre les
meſchans, quand ils ſ'aſſemblent, c'eſt vn complot,
50 non pas vne compaignie; ils ne ſ'entr'aiment pas,

VARIANTES

26. « le beau mot de ceſtuy là, qui voiant la gorge deſcouuerte de ſa femme, qu'il aimoit le plus ».
32. « par leurs fauorits ».
37. « Marin ».
42. « de bien, ne ſe prend ».

43. « par vn bienfait ».
48. « l'iniuſtice; entre les meſchans ».
50. « non pas compaignie; ils ne ſ'entretiennent pas, mais ils ſ'entre-craignent ».

mais ils s'entrecraignent; ils ne font pas amis, mais ils font complices.

Or, quand bien cela n'empefcheroit point, ancore feroit il mal aifé de trouuer en vn tiran vn' amour affeuree, par ce qu'eftant au deffus de tous, & n'aiant point de compaignon, il eft defià au delà des bornes de l'amitié, qui a fon vrai gibier en l'equalité, qui ne veut iamais clocher, ains eft toufiours egale. Voilà pourquoi il y a bien entre les voleurs (ce dit on) quelque foi au partage du butin, pource qu'ils font pairs & compaignons, & s'ils ne s'entr'aiment, au moins ils s'entrecraignent & ne veulent pas, en fe defuniffant, rendre leur force moindre; mais du tiran, ceus qui font fes fauoris n'en peuuent auoir iamais aucune affeurance, de tant qu'il a appris d'eus mefmes qu'il peut tout, & qu'il n'y a droit ni deuoir aucun qui l'oblige; faifant fon eftat de conter fa volonté pour raifon, & n'auoir compaignon aucun, mais d'eftre de tous maiftre. Doncques n'eft ce pas grand' pitié que, voiant tant d'exemples apparens, voiant le dangier fi prefent, perfonne ne fe vueille faire fage aus defpens d'autrui, & que, de tant de gens s'approchans fi volontiers des tirans, qu'il n'i ait pas vn qui ait l'auifement & la hardieffe de leur dire ce que dit, comme porte le conte, le renard au lyon qui faifoit le malade : Ie

VARIANTES

7. « qui a fon gibier en l'equité ».
9. « il y a bien (ce dit on) entre les volleurs ».
11. « & que s'ils ne s'entr'aiment ».
12. « en fe defuniffant, rendre la force moindre ».

14. « ceux qui font les fauorits ne peuuent iamais auoir ».
16. « ny droit ny deuoir ».
22. « & que tant de gens s'approchent fi volontiers des tirans, qu'il n'i ait pas vn qui ait l'aduifement ».

t'irois volontiers voir en ta tafniere; mais ie voi affes de traces de beftes qui vont en auant vers toi, mais qui reuiennent en arriere ie n'en vois pas vne.

Ces miferables voient reluire les trefors du tiran
30 & regardent tous esbahis les raions de fa braueté; &, alleches de cefte clarté, ils f'approchent, & ne voient pas qu'ils fe mettent dans la flamme qui ne peut faillir de les confommer : ainfi le fatyre indifcret (comme difent les fables anciennes), voiant efclairer
35 le feu trouué par Promethé, le trouua fi beau qu'il l'alla baifer & fe brufla; ainfi le papillon qui, efperant iouïr de quelque plaifir, fe met dans le feu pource qu'il reluit; il efprouue l'autre vertu, celle qui brufle, ce dit le poete tofcan. Mais ancore, mettons que ces
40 mignons efchappent les mains de celui qu'ils feruent, ils ne fe fauuent iamais du roi qui vient apres : f'il eft bon, il faut rendre conte & reconnoiftre au moins lors la raifon; f'il eft mauuais & pareil à leur maiftre, il ne fera pas qu'il n'ait auffi bien fes fauoris, lefquels
45 communement ne font pas contens d'auoir à leur tour la place des autres, f'ils n'ont ancore le plus fouuent & les biens & les vies. Se peut il donc faire qu'il fe trouue aucun qui, en fi grand peril & auec fi peu d'affeurance, vueille prendre cefte malheureufe place,
50 de feruir en fi grand'peine vn fi dangereus maiftre?

VARIANTES

26. « ie t'irois voir de bon cœur ».
30. « & regardent tous eftonnez les rayons de fa brauerie ».
33. « à les confumer ».
34. « les fables, voiant ».
35. « par le fage Promethé ».
36. « & fe brufler ».
38. « cela qui brufle, ce dit le poete Lucan ».
42. « & recognoiftre ».
47. « & la vie ».
48. « fi grand peril, auec fi peu ».

Quelle peine, quel martire eſt ce, vrai Dieu? eſtre nuit & iour apres pour ſonger de plaire à vn, & neantmoins ſe craindre de lui plus que d'homme du monde; auoir touſiours l'œil au guet, l'oreille aus eſcoutes, pour eſpier d'où viendra le coup, pour deſcouurir les embuſches, pour ſentir la mine de ſes compaignons, pour auiſer qui le trahit, rire à chacun & neantmoins ſe craindre de tous, n'auoir aucun ni ennemi ouuert ny ami aſſeuré; aiant touſiours le viſage riant & le cœur tranſi, ne pouuoir eſtre ioieus, & n'oſer eſtre triſte!

Mais c'eſt plaiſir de conſiderer qu'eſt ce qui leur reuient de ce grand tourment, & le bien qu'ils peuuent attendre de leur peine & de leur miſerable vie. Volontiers le peuple, du mal qu'il ſouffre, n'en accuſe point le tiran, mais ceus qui le gouuernent : ceus là, les peuples, les nations, tout le monde à l'enui, iuſques aux païſans, iuſques aus laboureurs, ils ſçauent leurs noms, ils dechifrent leurs vices, ils amaſſent ſur eus mille outrages, mille vilenies, mille maudiſſons; toutes leurs oraiſons, tous leurs veus ſont contre ceus là; tous leurs malheurs, toutes les peſtes, toutes leurs famines, ils les leur reprochent; & ſi quelque fois ils leur font par apparence quelque honneur, lors meſmes ils les maugreent en leur cœur, & les ont en horreur

---

VARIANTES

2. « pour plaire ».
7. « rire à chacun, ſe craindre de tous ».
14. « & de ceſte miſerable vie ».
15. « n'en accuſe pas ».
22. « tous les malheurs ».
29. « ce ſemble, ſatisfaits ».

31. « apres la mort ».
39. « leuons les yeux vers le ciel, ou bien pour noſtre honneur, ou pour l'amour de la meſme vertu, à Dieu tout puiſſant, aſſeuré teſmoin de nos faits ».
46. « qu'il reſerue bien à bas ».

plus eſtrange que les beſtes ſauuages. Voilà la gloire, voilà l'honneur qu'ils reçoiuent de leur ſeruice enuers les gens, deſquels, quand chacun auroit vne piece de leur corps, ils ne ſeroient pas ancore, ce leur ſemble, aſſes ſatisfaits ni à demi ſaoules de leur peine ; mais certes, ancore apres qu'ils ſont morts, ceus qui viennent apres ne ſont iamais ſi pareſſeus que le nom de ces mange-peuples ne ſoit noirci de l'encre de mille plumes, & leur reputation deſchiree dans mille liures, & les os meſmes, par maniere de dire, traines par la poſterité, les puniſſans, ancore apres leur mort, de leur meſchante vie.

Aprenons donc quelque fois, aprenons à bien faire : leuons les yeulx vers le ciel, ou pour noſtre honneur, ou pour l'amour meſmes de la vertu, ou certes, à parler à bon eſcient, pour l'amour & honneur de Dieu tout puiſſant, qui eſt aſſeuré teſmoin de nos faits & iuſte iuge de nos fautes. De ma part, ie penſe bien, & ne ſuis pas trompé, puis qu'il n'eſt rien ſi contraire à Dieu, tout liberal & debonnaire, que la tirannie, qu'il reſerue là bas à part pour les tirans & leurs complices quelque peine particuliere.

CONTINUE COM A GENTE!

- Editora Martin Claret
- editoramartinclaret
- @EdMartinClaret
- www.martinclaret.com.br

IMPRESSO EM PAPEL
Pólen
mais prazer em ler